西安石油大学优秀学术著作出版基金资助出版

西安石油大学油气资源经济与管理研究中心资助出版

国家自然科学基金项目资助出版

国家社会科学基金项目资助出版

陕西省社会科学基金项目资助出版

Wangluo Shijiaoxia Gongyingshang
Chuangxinxing Liyong Yanjiu

网络视角下供应商创新性利用研究

李娜 著

中国社会科学出版社

图书在版编目（CIP）数据

网络视角下供应商创新性利用研究／李娜著. —北京：中国社会科学出版社，2019.4

ISBN 978 – 7 – 5203 – 4178 – 3

Ⅰ.①网… Ⅱ.①李… Ⅲ.①计算机网络—应用—企业管理—供销管理—研究 Ⅳ.①F274 – 39

中国版本图书馆 CIP 数据核字（2019）第 048300 号

出 版 人	赵剑英
责任编辑	刘 艳
责任校对	陈 晨
责任印制	戴 宽

出 版	中国社会科学出版社
社 址	北京鼓楼西大街甲 158 号
邮 编	100720
网 址	http://www.csspw.cn
发 行 部	010 – 84083685
门 市 部	010 – 84029450
经 销	新华书店及其他书店

印 刷	北京明恒达印务有限公司
装 订	廊坊市广阳区广增装订厂
版 次	2019 年 4 月第 1 版
印 次	2019 年 4 月第 1 次印刷

开 本	710×1000 1/16
印 张	13.5
插 页	2
字 数	201 千字
定 价	56.00 元

前　　言

　　面对日益激烈的国内外竞争环境，企业对创新的诉求愈加强烈，集成供应商创新愈益受到广泛重视。集成供应商创新不仅要整合供应商的技术能力与创新倾向，更要整合其对买方企业创新做贡献的意愿，即实现对供应商创新性的有效利用。因此，在开放式创新环境下，如何利用供应商创新性成为企业实现产品、工艺与服务创新的关注焦点。现有研究从二元关系视角借助关系观、知识观、组织学习理论对如何有效利用供应商创新性进行少量探索性研究，忽视了供应商嵌入供应商网络而非孤立存在的现实，且目前学者多将供应商网络视为外生变量，缺乏对网络成员尤其是核心企业个体行为内在驱动力的解释。处于供应商网络关键结点的买方企业，具有网络构建与管理功能，能够引导供应商间形成互动和整体网络的演进方向，在动员供应商资源、促进网络协同方面发挥着重要作用。为有效利用供应商资源与能力，企业应当如何构建和管理供应商网络？该企业行为在供应商创新性利用过程中如何发挥作用？这些问题仍未解决。

　　本书以中国制造企业为研究对象，重点探讨企业能否以及如何通过创建与管理供应商网络实现对供应商创新性的有效利用。在对已有文献梳理基础上，结合质性与量化研究方法探索企业供应商网络化行为的内涵与构成维度，深入供应商创新性利用过程，探明供应商创新性的利用效应，并借助社会资本理论和社会网络研究框架，构建企业供应商网络化行为对供应商创新性利用的影响关系模型，通过实证研究最终揭示企业供应商网络化行为对供应商创新性利用的影响作用，为从供应商网络视角有效利用供应商创新性提供可靠的理论基础，也为企业有的放矢地展开供应商网络化行为、提升供应商创新性利用效果提供了有益借鉴。

本书的创新之处与相关研究结论如下：

第一，从核心企业个体能动性视角建立企业供应商网络化行为构念，提炼出构成维度。发现由供应基优化、网络关系开发、关系优化、结构优化、协调机制、信息处理、业务协同和资源整合等八个涉及供应商网络开发、供应商网络调适和供应商网络整合的企业供应商网络化行为内容结构，厘清了企业实现供应商网络的过程与活动，从而为研究企业供应商网络化行为对供应商创新性利用的影响奠定基础。

第二，突破以往聚焦二元关系的研究思路，从网络视角提出供应商创新性利用的分析框架。供应商创新性利用的实质是供应商创新性向供应商创新贡献的有效转化（即供应商创新性→供应商创新贡献）。依据社会资本理论，借助"网络嵌入→可获取性→动员"的社会网络资源动员分析框架，构建"企业供应商网络化行为→供应商嵌入性、企业网络权力、供应商资源分析偏好→供应商创新性利用"的分析框架，为深刻理解供应商网络情境下供应商创新性的有效利用提供了新的理论视角。

第三，从增强供应商创新性角度，探究并诠释企业供应商网络化行为对供应商创新性利用的影响路径。研究表明，供应商嵌入性是增强供应商创新性的重要前置变量，企业供应商网络化行为通过适度提升供应商嵌入性可增强供应商创新性，促进供应商创新贡献的实现。研究为解释企业供应商网络化行为与供应商创新性的内部作用机理提供了重要思路，是对从增强供应商创新性角度促进应商创新性有效利用研究的重要补充。

第四，从提高供应商创新性向供应商创新贡献转化效率角度，检验并揭示企业供应商网络化行为对供应商创新性利用的作用机理。研究证实，企业供应商网络化行为通过提升企业网络权力和供应商资源分配偏好不仅能激发供应商为企业创新做出贡献，还能促进供应商创新性有效转化为供应商创新贡献。同时，企业供应商网络化行为还可通过增强供应商嵌入性和企业网络权力，获得供应商偏好对待，进而推动供应商创新性向供应商创新贡献的有效转化。该结论为企业供应商网络化行为在提高供应商创新性向供应商创新贡献转化效率中的有效性提供了支撑。

本书由西安石油大学优秀学术著作出版基金和西安石油大学油气资源经济与管理研究中心资助出版。本书在出版与发行过程中亦获得到国家自然基金项目"企业产品创新中供应商创新性整合机制研究：供应商网络视角"（71372172）、国家社会科学基金项目"新产品开发模糊前端阶段企业技术差异化能力的提升机理研究"（16BGL042）和陕西省社会科学基金项目"基于供应商参与的陕西装备制造企业新产品开发模糊前端创新效率提升路径研究"（2018S31）的资助，在此表示感谢。同时，本书是基于本人在西安理工大学博士论文基础上完成，再次表示感谢。

目　　录

第一章 绪论

第一节 研究背景

随着我国供给侧结构性改革的深入和创新驱动发展战略的实施，企业对创新的诉求愈加强烈。国内外诸多企业创新实践表明，由于受到资金紧张、研发惯性以及技术锁定等因素的影响，企业越发需要寻求外部合作以交换知识、共享资源来实现创新（Sherwood and Covin，2008）。例如，三星在硅谷设立开放创新中心、海尔的开放创新平台、华为与IBM、英特尔等公司成立的联合研究所、陕汽的校企共建实验室等都纷纷借助外部社会创新力量，有效调动市场的资源配置功能。创新模式已由"封闭式创新"逐渐向"开放式创新"转变（Poot et al.，2009；Hosseini et al.，2017）。供应商是企业进行开放式创新的重要来源（Wagner，2009；Henke Jr and Zhang，2010），不仅因为他们是零部件或子系统的生产者与提供者，还在于他们对企业产品与工艺相对熟悉，能够为企业的产品、工艺、服务等创新提供支持。

供应商创新性（supplier innovativeness）是指供应商具备的创新特质，不仅表现在供应商的技术能力与持续创新倾向上，还体现在其对买方企业创新做贡献的意愿上（Schiele et al.，2011）。较强的技术能力与创新倾向往往能够推动供应商内部持续快速地产生创新，从而使供应商有能力为企业提供先进零部件与技术；而供应商为买方企业创新做贡献的意愿又是决定其是否为企业创新提供支持的关键因素。作为买方企业，如何动员和激发供应商为企业产品、工艺与服务做出贡献，即利用供应商创新性提高企业创新能力与绩效，受到理论界与企业界的广泛重视。

一 整合利用供应商创新性对企业的创新成功至关重要

近年来，企业与供应商合作创新日益普遍，供应商参与新产品开发（supplier involvement in new product development）这一先进的合作创新模式逐渐得到广泛采纳，戴尔、惠普、丰田、摩托罗拉等企业的供应商都被要求承担越来越多的产品设计和生产责任，并通过向企业提供技术知识和创新资源、参与新产品研发决策来促进企业的产品创新。然而实践中的供应商参与并非总能为企业带来价值增值，供应商参与新产品开发中存在着不确定性，供应商选择和企业—供应商协作不当很可能会降低企业产品开发能力，且大量设计和生产任务的外包也将可能导致企业创新能力的退化，从而对产品开发绩效产生微弱或消极影响。实践所证实的供应商参与作用于企业产品创新的矛盾影响，显示着供应商的创新资源与能力并未真正被企业有效利用。由此，管理者和学者逐渐将关注焦点转移到如何将供应商创新资源整合到企业创新中。

选择合适供应商是企业获取与利用供应商创新资源的先决条件（Akhavan et al.，2018）。除关注价格、质量、交付、产能等供应商提供的直接价值外，企业在采购管理和合作研发过程中也开始有意地识别并筛选技术能力强、创新倾向高并积极支持合作企业创新研发项目的创新型供应商（innovative supplier），并通过努力与之构建紧密合作关系，获取该供应商所能为企业带来的间接价值，如引入新的技术和工艺、吸引新客户等。作为评价创新型供应商的重要依据，供应商创新性逐渐引起研究者和企业管理者的关注，其对企业产品创新的影响作用也得到广泛认可。供应商创新性不仅体现在供应商能为企业提供先进的产品和技术，还体现在供应商愿意通过与企业间协同互动有效促进双方合作创新项目的成功。因此，供应商创新性能够显著提升企业的产品创新绩效，企业创新中不仅要利用供应商的技术能力、创新倾向，更要整合供应商促进企业创新实现的意愿，从而获取更多的供应商创新贡献。整合利用供应商创新性对企业的创新成功至关重要。

二　供应商创新性利用的情境需要从二元关系扩展到供应商网络

国内外企业已充分认识到依靠供应商创新性弥补自身创新资源不足的重要性，如何在企业创新中有效整合供应商创新性是现有实践和理论关注的重点。在实践方法上，随着知识来源的多样化，企业逐渐意识到可以跨越组织边界，通过构建和优化外部互动关系来充分利用外部创新力量并有效整合内外资源进行创新。面对复杂多变的环境，基于供应链的合作创新模式成为企业一种新的战略选择，供应商参与作为有效集成供应商创新资源并运用于企业自身创新中的有效合作方式正逐渐引起广泛关注及重视。国际上许多标杆企业纷纷将产品设计活动转移给主要供应商，成功实现了创新并取得持续的竞争优势。惠而浦、三星、波音和克莱斯勒等，即便拥有着业内突出的研发能力，但仍纷纷采纳供应商参与模式以最大化集成供应商的创新想法与技术，从而保证了自身产品的持续创新与领先优势。目前越来越多的企业正努力将供应商纳入新产品开发活动中。企业与供应商合作创新现象在现代经济社会中的普遍盛行，显现出企业与供应商建立长期紧密的二元合作关系是企业获取供应商创新性并运用于自身创新中的重要途径。

而在理论研究方面，已有学者从二元视角借助关系观（Azadegan, 2011）、知识观（Wagner, 2009；Wagner, 2012）和组织学习理论（Azadegan et al. , 2008；Azadegan and Dooley, 2010）对如何有效利用供应商创新性进行少量探索性研究，并取得了一些显著成果。如Azadegan 等人证实双方组织学习方式的匹配有助于企业更好地整合利用供应商创新性，从而提升企业制造能力（Azadegan et al. , 2008；Azadegan and Dooley, 2010）。Azadegan（2011）从运作角度提出供应商运营创新性（operational innovativeness）概念，并利用关系观理论分析供应商运营创新性与企业制造绩效间的关系，研究证实作为制造商—供应商互补性能力和关系专用性资产的供应商运营创新性能显著提高企业制造绩效；供应商评估项目作为有效治理工具、制造企业吸收能力作为知识共享惯例的工具，在利用供应商运营创新性提升制造企业绩效过程中起正向的调节作用。Bengtsson 等（2013）实证研究得出企业知识整合能力在利用供应商创新性实现企业创新中发挥关键作用。禹文钢和李随成（2016）在挖掘创新型供应商的关键特征基础上，发现企业采购集成能力与供应商集成能力对供应商创新性利用的杠杆作用。

然而，供应商并非孤立存在，而是嵌入由更多相关联的二元关系（如企业—供应商关系、供应商—供应商关系）复杂交织而成的网络中，供应商管理情境已从企业—供应商二元关系扩展到供应商网络（Nair et al.，2018；Dubois and Pedersen，2002）。与二元关系相比，网络视角强调企业间关系的网络嵌入性及关系间的相互依赖性，更关注关系对每一个参与成员所起的功能作用，因此二元关系视角已难以把握供应商嵌入更复杂网络关系的实质，供应商网络视角有助于企业从整体考虑网络成员间、关系间相互依赖特征对整合供应商创新性的影响（Harryson et al.，2008；张红娟和谭劲松，2014）。若能从供应商网络视角探讨企业如何促进对供应商创新性的有效利用，将更符合企业与供应商间互动的现实情境，这有利于得出企业利用供应商创新性实现创新的思路和可行方案。同时也应该看到，从网络视野管理供应商所带来的复杂性将使企业在利用与管理供应商创新性方面面临新的挑战，企业有必要对供应商网络情境下如何利用供应商创新性问题进行重新认识。因此，供应商创新性利用研究情境需要从二元关系延伸到供应商网络。

三 企业供应商网络化行为作为开发与利用供应商网络的重要机制之一，在挖掘网络机会、动员供应商资源方面发挥着重要作用

供应商网络能够使企业更容易获取和调动供应商创新资源，如新颖产品、先进知识与技术、创意想法等，已成为当前企业获取创新和价值的主要方式（Kilpi et al.，2018），如何通过供应商网络获取并整合供应商资源与能力就显得尤为重要。以往有关供应商网络的研究多为网络结构与关系特征在成员企业战略与行动选择中的影响作用，忽视了网络成员的结点活性，特别是核心企业的个体能动性（张华和张向前，2013）。Obstfeld（2005）在分析汽车设计行业中的供应网络时发现，处于结构洞位置上的企业并不一定就采用分而治之的渔利者

(tertius gaudens) 策略，还有可能采取联络者（tertius lingens）策略，从而促进整合网络组织成员间的沟通与整合，增强整合网络组织成员的创新参与。这意味着占据相同网络结构或关系特征的成员企业，其能否以及如何动员网络中资源与其自身决策息息相关。由此可知，网络结构主义分析范式的研究已不足以指导企业实施有效的网络管理，难以揭示网络成员个体的行为与策略及其对网络资源把握与利用的差别。

越来越多的实践案例表明，供应商网络并不是自发的关系，而是建立在核心企业有意识的协调努力基础上，核心企业在网络形成与演化过程中扮演着引导者的角色。如丰田公司凭借搭建供应商协会、咨询小组以及自主学习团队等一系列组织间流程，成功地将供应商网络转变为知识分享网络，实现了知识在其供应商网络中的顺畅交流和传递。长安汽车公司通过构建一个协同性的供应商关系管理体系，培养了一批能力强，且能为企业所用的供应商群，同时赋予供应商平等权利，让供应商成为规则的共同制定者并融入企业研发、制造、采购、销售等各环节，有效整合供应商资源与能力，将供应商网络打造成更具柔性、更加高效的协同网络。随着实际管理者和研究者日益认识到核心企业个体能动性对网络中资源配置的重要作用，供应商网络管理逐渐脱离以往网络结构主义分析范式，向突出强调网络成员尤其是核心企业的个体能动性转变，开始关注企业网络能力（network capability）与网络化行为（networking behaviors）对外部资源吸收和配置所起的促进作用。其中前者研究主要聚焦企业是否具备构建、管理与集成网络关系的能力，及其在获得网络资源与效益方面的功能作用；而后者则是侧重企业应对与管理网络的各种努力，实质是企业如何通过被动应对网络变化或积极主动管理网络关系以达到企业目标。网络能力和网络化行为反映了企业能否或如何利用供应商网络产生网络效益，且能力优劣与行为差异影响资源获取的类型和有效性（Mu and Di Benedetto，2012；Thornton et al.，2015）。相对网络能力来讲，网络化行为凭借容易辨识、贴近现实的独特优势，更易于企业学习与模仿来提升其对网络资源的有效获取与配置。

目前，企业网络化行为研究大多基于一般企业间网络，关于供应商网络情境下企业网络化行为（以下简称"企业供应商网络化行为"）研究甚少，仅有部分研究文献从不同角度尝试性探究了相关概念及其影响效应。Dyer 和 Nobeoka（2000）聚焦丰田的供应商网络化实践，认为丰田通过构筑供应商协会、咨询小组、自愿学习团队和企业间员工转移等高水平知识分享流程，与供应商建立了紧密和稳定的相互依赖关系，实现了网络成员企业间共享利益、共担风险和共创价值。Harland 等（2004）通过案例研究得出，企业供应网络化活动（包括伙伴选择、资源整合、信息处理、知识获取、社会协调、风险与收益共享、决策、冲突解决、激励）能帮助企业建立与供应商间的学习与知识共享机制，将有助于企业更有效地获取和整合供应商资源，从而明显改善企业绩效。Roseira 等（2010）探析供应商网络中相互依赖性的影响作用，强调企业认知并有效管理网络中的相互依赖性有助于企业发现并利用网络中存在的机会与约束，更好地整合不同形式的供应商网络关系以创造价值。Wu 等（2010）研究发现，三元网络关系情境下企业通过举办交流会议、鼓励供应商间协作、构建工作小组等行为影响供应商与供应商间互动的类型与程度，从而利用供应商间的互动产生关系租金，对企业创新、成本减少意义重大。

可见，部分学者在供应商网络研究中开始关注网络成员尤其是核心企业的个体能动性，认识到供应商网络虽能给企业带来更多的机会与资源，但这些机会与资源的利用取决于核心企业的个体行为与策略。企业供应商网络化行为在挖掘网络机会、动员供应商资源方面发挥着重要作用。

第二节　问题提出

面对激烈的市场竞争，企业迫切需要利用供应商创新性实现企业创新，且供应商网络已成为企业与供应商间互动的主要"场所"。供应商网络是由企业及其关键供应商构成，关键供应商在企业的直接或间接协调控制下，以一种积极的态度参与到企业产品生产与研发等相关活动中。对企业而言，如何通过管理供应商网络动员、激发创新型供应商为企业创新做贡献的问题暂未得到解决。企业供应商网络化行为作为开发与利用供应商网络的重要机制，在动员供应商资源方面发挥着重要作用，很可能有助于促进供应商创新性的有效利用。然而，目前研究对企业供应商网络化行为是什么，其是否会及如何影响供应商创新性利用尚未清晰，有待进一步深入探索。基于此，本书提出并致力于解决以下两个研究问题。

问题一：企业供应商网络化行为是什么？

作为供应商网络中的关键结点，企业具有网络构建与治理功能，能够引导供应商间形成互动和整体网络的演进方向。在存在目标冲突与机会主义风险的供应商网络中，企业网络化行为能够引导供应商网络形成与演化，创造一个适宜的网络资源与价值挖掘的环境，其在维护网络持续、稳定运行并产生效益中发挥重要作用（Bayne et al.，2017）。且以创新为导向的企业与供应商间的合作关系必须得到合理控制，既不能太禁锢又不能太松散。因此，构建恰当的供应商网络，并处理好企业与供应商以及供应商与供应商间的相互依赖关系，定能帮助企业更好地利用供应商创新性，也就是说，在供应商网络情境下供应商创新性利用很可能受到企业供应商网络化行为的影响。

目前，供应商网络化流程、供应网络管理角色、管理相互依赖性、买方企业施加的影响等相关概念的研究体现了学者们对于企业供应商网络化行为的初探，为针对性研究企业供应商网络化行为奠定了基础，但由于研究深度、结论一致性等方面的欠缺，使得现有研究成果不能准确表征企业供应商网络化行为的内涵，尚待进一步系统研究。同时，尽管企业间网络情境下的研究结论有助于理解企业供应商网络化行为，但因供应商网络的特殊性，使得已有企业网络化行为的研究结论不能通过简单修正与延伸直接应用到供应商网络情境中。考虑到目前国内外对企业供应商网络化行为构念还没有成熟的理论研究这一现状，有必要针对企业供应商网络化行为内涵与构成展开深入研究，就企业供应商网络化行为内涵、解释架构与维度等基本问题给出答案。

问题二：企业供应商网络化行为在供应商创新性利用过程中是如

何发挥作用的？其作用路径有哪些？

资源基础观认为，持久竞争力的来源是企业所占据或拥有的独特价值性资源。作为供应商创新的推动力和供应商将创新成果交付给买方企业的重要前提，供应商创新性是企业可整合利用的外部重要资源。实践中创新型供应商的客户企业较多，仅凭选择创新型供应商并与之建立紧密合作关系无法保证企业能够长期获取并整合该供应商的创新资源与贡献意愿，只有将供应商创新性转化为实实在在的供应商对买方企业创新贡献，企业才能在激烈的市场竞争中立足。可以发现，企业利用供应商创新性的最根本目的是获得供应商创新贡献，供应商创新贡献成为企业衡量供应商创新性有效利用的关键指标。供应商创新性利用可被解释为供应商创新性向供应商创新贡献的有效转化。为促进供应商创新性的有效利用，企业可采取两种主要方式：（1）通过增强供应商创新性来增加供应商创新贡献；（2）直接提高供应商创新性向供应商创新贡献的转化效率。

Winter 和 Lasch（2012）指出，供应商创新资源与成果能够通过采购活动、联合活动、网络化（networking）等方式获得，显然通过主动构建与管理供应商网络获取供应商创新资源与成果已成为重要形式。在供应商网络中，企业可以通过学习、地位与声誉的获得来动员供应商关键资源，提高利用供应商创新性的效率与效力。但实践中大多数企业缺乏从网络视角管理供应商的意识，且网络成员间存在目标冲突与机会主义行为，导致供应商网络应有优势难以发挥，极大阻碍了企业通过供应商网络挖掘更多资源与价值，这就需要企业开展供应商网络化行为来为供应商创新性利用营造一个适宜的环境。同时，学术界对于企业供应商网络化行为的研究已逐步展开与深入，也逐渐认识到企业供应商网络化行为对网络机会挖掘与利用、网络资源吸收与整合等的功能作用，这些观点与研究成果可为研究企业供应商网络化行为对有效利用供应商创新性提供可靠的理论支持。因此，探究企业供应商网络化行为如何影响供应商创新性的有效利用，将为企业利用供应商创新性提供新的思路。此外，考虑到促进供应商创新性利用的两种方式，本书研究也将试图探究企业供应商网络化行为是否以及如何通过这两种方式影响供应商创新性利用。

第三节　研究目标与意义

一　研究目标

聚焦供应商网络视角下供应商创新性利用问题，从企业个体能动性视角出发，探究企业供应商网络化行为是否能以及如何影响供应商创新性利用。具体研究目标包括：

（一）厘清供应商网络的概念与范围，把握我国制造企业对供应商网络的管理状况，探明企业供应商网络化行为的内涵与结构特征，并开发测量量表，为深入研究企业供应商网络化行为对供应商创新性利用的影响奠定基础，也为企业有的放矢地实施供应商网络管理提供指导。

（二）深入供应商创新性利用过程，阐明供应商创新性利用效应，并分析提出促进供应商创新性利用效应实现的两种方式，这有助于深入理解供应商创新性是如何在企业中发挥重要作用的。

（三）借助社会资本理论中的"网络嵌入→可获取性→动员"社会网络研究框架，识别本书研究情境下表征网络嵌入、可获取性、动员的重要变量，搭建供应商网络视角下的供应商创新性利用的研究框架，并探析这些重要变量间的主要影响路径。

（四）构建企业供应商网络化行为对供应商创新性利用影响的理论模型，实证分析并揭示其作用机理，为我国企业开展供应商网络化行为、提升供应商创新性利用效率和效果提供有益借鉴。

二　研究意义

传统观点认为，供应商网络的出现与形成是一种偶发演化的过程，但企业战略性地主动构建并管理供应商网络，并对供应商网络中资源的有效动员却是大势所趋。日益激烈的市场环境要求企业具备更强的产品开发能力，从而需要企业更多地通过供应商网络利用供应商创新性进而实现持续的自主创新。然而，我国大多数企业对供应商网络及通过其整合供应商创新性的认识与实践还处于盲目模仿的探索阶段和缺乏理论指导的自发阶段，如何管理与利用供应商网络以确保其支撑企业战略需要与能力开发，实现动员供应商创新性的潜力与价值的问题仍未得到有效解决。因此，本书研究从供应商网络管理视角对供应商创新性利用进行深入研究，构建企业供应商网络化行为的测量模型和量表，实证探析企业供应商网络化行为对供应商创新性利用的影响作用，为我国企业有的放矢地开展供应商网络化行为，提升供应商创新性利用效率和效果提供新的思路和理论方法。

第四节　研究内容

针对当前理论研究需要进一步解决的问题和企业实践呼吁，本书研究结合研究背景，借助企业在网络中个体能动性观点，探索企业供应商网络化行为构念的内涵和结构维度；在准确理解供应商创新性利用本质内涵的基础上，依据社会资本理论的"网络嵌入→可获取性→动员"的社会网络资源动员分析框架构建企业供应商网络化行为对供应商创新性利用的影响关系模型，并通过大样本问卷调查、层次回归分析，探究企业如何通过供应商网络化行为促进供应商创新性有效利用的内在逻辑。具体研究内容为：

研究内容一：探索企业供应商网络化行为结构模型与测量量表。

不同于以往将网络视为外生变量的研究，企业供应商网络化行为研究有助于更准确地理解和识别企业从整体视角管理与配置网络资源与关系的各种实践活动，使企业有的放矢地开展更具价值与效果的网络管理，从而有效获取并利用供应商资源，动员供应商服务于企业创新的积极主动性。拟通过扎根理论方法深入认识供应商网络构建、发展与利用这一现象，捕获并提取企业供应商网络化行为具体表现，并构建其结构模型，再运用大样本问卷调查数据进行实证分析，进一步检验其因子结构并精简量表，最终开发出企业供应商网络化行为的测量量表。

研究内容二：企业供应商网络化行为对供应商创新性利用的影响研究。

供应商网络是可以被核心企业管理的，且以创新为导向的企业与供应商间的合作关系必须得到合理控制，既不能太禁锢又不能太松散，因此，构建恰当的供应商网络，并处理好企业与供应商以及供应商与供应商之间的相互依赖关系，定能帮助企业更好地利用供应商创新性。本书研究将聚焦企业供应商网络化行为在供应商创新性利用过程中的影响作用，拟在理解供应商创新性利用的基础上，引入解释企业如何通过网络动员资源的社会资本理论，构建企业供应商网络化行为对供应商创新性利用的影响关系模型，提出相应研究假设，并进一步通过实证方法对研究假设进行分析与检验，揭示企业供应商网络化行为影响供应商创新性利用的作用机理，为企业利用供应商创新性提供一种有效途径。

第五节 研究方法与技术路线

针对研究内容，参考实证研究的设计程序，拟划分以下三个阶段逐步展开研究，研究方法与技术路线如图 1 - 1 所示。

阶段一：研究准备阶段，主要包含第一、第二章。初步确定研究方向后，聚焦于企业集成供应商创新实践过程中存在的管理难题，准确分析已有供应商创新性利用、供应商网络管理研究现状，识别现有研究空白，并就此提出本书研究内容，即探索企业供应商网络化行为内涵与构成，并揭示其对供应商创新性利用的影响作用，以此解答企业如何通过供应商网络来有效利用供应商创新性的问题。另外，还要完成对供应商创新性、供应商网络管理等方面文献的系统梳理和分析，掌握供应商网络管理、企业网络化行为、供应商创新性利用等最新研究进展，以及供应商网络在企业整合供应商创新中的作用研究现状，为本书研究奠定理论基础。此阶段主要涉及背景分析、文献收集、分析与演绎推理，以及理论基础相关研究评述。

阶段二：集中探索企业供应商网络化行为结构与测量量表，主要涉及第三章。目前学术界对如何管理供应商网络仍处在探索阶段，关于其内涵本质仍未准确捕捉到，未能开发出成熟的企业供应商网络化行为的测量工具。扎根理论研究有助于更深入地理解复杂社会现象的整体特征、建立理论并反复检验来支持理论。通过理论抽样选取已成功构建供应商网络并取得卓越成效的制造企业，结合实地调研和深度

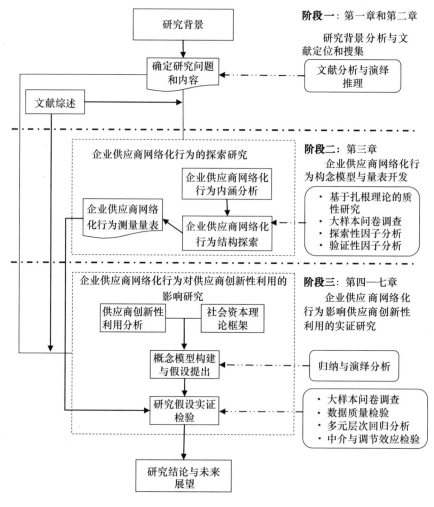

图 1-1 技术路线图

访谈收集第一手数据，同时辅以二手资料进行补充和验证，借助扎根理论技术和程序，提炼企业供应商网络化行为的范畴与结构。针对扎根理论得到的访谈条目设计初始量表，通过小样本问卷调查对量表进行预测试，修订初始量表并根据预测试结果确定正式问卷。采用判断抽样法进行大样本问卷调查，借助 SPSS 和 AMOS 统计分析软件，运用探索性和验证性因子分析验证企业供应商网络化行为量表信效度，最终确定企业供应商网络化行为的内涵范畴并构建其解释架构。此阶段主要涉及深度访谈、扎根理论分析、大样本问卷调查、探索性因子分析、验证性因子分析等研究方法。

阶段三：重点探索企业供应商网络化行为对供应商创新性利用的影响，主要涉及第四—七章。在理解供应商创新性利用的基础上，引入解释企业如何通过网络动员资源的社会资本理论，构建企业供应商网络化行为对供应商创新性利用的影响关系模型，并提出相关研究假设。对我国部分制造企业设计并实施大样本问卷调查，借助 SPSS 和 AMOS 统计分析工具，运用层次回归分析法对研究假设进行验证，实证检验并揭示企业供应商网络化行为对供应商创新性利用的影响，最终就研究结果进行相关讨论。此阶段主要涉及理论归纳与演绎分析、大样本问卷调查、信效度检验、共同方法偏差检验、中介效应建模、调节效应建模、层次回归分析等研究方法。

第二章　文献综述

基于前文提出的研究问题，对已有相关研究进行回顾与评述，旨在通过搜集和全面理解关键变量，把握研究进展，进一步证实研究问题的科学性与研究价值，并为本书研究提供可靠的研究基础与研究思路。此部分将主要围绕以下三个方面研究成果展开：供应商网络管理、供应商创新性以及利用供应商网络整合供应商创新。

第一节　供应商网络管理相关研究

一　供应商网络及其特征

随着市场竞争的加剧、用户需求的快速变化，加之组织专业化发展，集成外部供应商开展生产运营与新产品开发活动对于企业实现其战略目标、获得竞争优势至关重要（Andersen and Christensen, 2005; Das et al., 2006），企业与供应商的关系也逐步由交易、合作关系向联盟、网络关系转化。实践中，美、日、欧等发达国家的企业纷纷通过物料采购和服务外包等方式与上游部分关键供应商组建了供应商网络，并通过主动协调和管理上游供应商来提高生产运营绩效、降低产品生产成本、提高产品质量、增强知识流动和产品创新（Johnsen and Ford, 2007; Kim et al., 2011）。供应商网络已逐步替代企业—供应商二元关系成为开展供应商管理研究和实践的重点。

（一）供应商网络内涵

目前学术界讨论的与供应商网络相关的概念主要涉及供应基（supply base）、供应网络（supply network）等，许多研究认为供应商网络是供应网络的一部分，其与供应基和狭义供应网络在概念范畴上是可以互换或等同的。Romano 和 Vinelli（2001）指出，供应网络源于供应链的网络化拓展，是企业和与其存在直接或间接物料供给关系的其他企业共同组成的复杂网络组织，而供应商网络仅仅是指企业上游价值体系中的所有供应商组成的网络。Kim 等（2002）从狭义上理解供应网络，认为供应网络是包含企业及其所有供应商的网络系统。Choi 和 Hong（2002）认为企业与其所有供应商间多重二元关系交互融合形成的网络称为供应基，核心买方企业需要管理供应基中一级供应商、二级供应商以及可能存在的三级供应商。Choi 和 Krause（2006）指出，供应基是指提供的产品和服务有助于企业价值增值的一组供应商构建的组织形式，采购产品和服务的买方企业占据了供应基的中心位置，能够通过契约合同等"看得见的手"来协调和管控供应商的行为与活动。Roseira 等（2010）指出，供应商网络包含业务相似或差异化的多个供应商，这些供应商间有可能存在互动，且他们不同程度地适应企业的战略目的和环境，因此企业管理供应商网络既要差异化管理二元网络关系，还要管理这些二元关系间的相互依赖性。李随成等（2013）在梳理供应网络和供应商网络相关研究的基础上，认为供应网络中成员企业繁多，企业没必要也没能力管理供应网络中所有供应商，而是趋向于协调和管理那些能够帮助企业实现价值增值的部分关键供应商，企业与这些关键供应商共同构成了企业的供应商网络。

虽然上述学者们对供应商网络的定义不尽相同，但对供应商网络本质的理解基本达成共识，即供应商网络是企业供应网络的一部分，是由企业与其上游供应商共同构成的复杂网络系统，其基本构成如图 2 - 1 所示。由于制造企业的产品系统较为复杂，其普遍拥有大量的供应商，同时考虑到企业资源与能力有限，以及关键供应商在企业实现战略和获取竞争优势中至关重要的作用，本书认同李随成等（2013）的观点，将供应商网络定义为由企业及其关键供应商构成，关键供应商在企业的直接或间接协调控制下，以一种积极的态度参与到企业产品生产与研发等相关活动中。

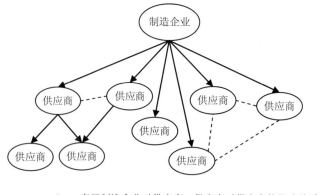

表示制造企业对供应商、供应商对供应商的影响关系

---------------▶ 表示供应商与供应商之间建立的关系，如竞争、协作和竞合

图 2 - 1　供应商网络示意图

（二）供应商网络特征

相较于一般企业间网络组织，供应商网络因其成员构成、网络结构与网络关系特征的特殊性而表现出一些典型特征。

1. 供应商网络由企业与其上游关键供应商组成，企业在供应商网络的形成与发展中起主导作用（Roseira et al.，2010）。供应商网络具有层级结构，不仅包含与企业直接互动的多个一级供应商，还有可能涉及间接关联的二级或三级供应商，且这些供应商间也很可能因为企业施加的影响而形成竞争或竞合关系。基于此，为全面有效管理供应商网络，除了要直接协调与控制纵向的供应商关系，企业也需要介入纵向和横向供应商间关系构建、开发与终止的过程（李随成等，2013）。

2. 供应商网络是众多围绕物料或服务供应的供应商关系组合（supplier relationship portfolio）的集合，供应商关系组合中存在明显的网络效应。由于企业产品的复杂性与多样性，为确保准时生产与供应、减少供应风险（包括供应商的机会主义行为风险和企业逆向选择风险）并降低库存成本，实践中企业往往会针对每个关键物料或服务同时选择两个或少数供应商建立供给关系，即便是当供应市场中只存在一个有效供应商时，企业也会再选择一个能力次之的供应商，从而处于二元关系间的联结位置，形成供应商关系组合。简言之，供应商关系组合是企业与多个相似供应商同时建立物料或服务供应关系的组织形式，三元组（triad）是关系组合的最小单元（Choi and Wu，2009a；2009b），众多围绕物料或服务供应的关系组合的集合形成了供应商网络。在供应商关系组合中，企业间关系不仅包含纵向的供应关系（如企业—供应商关系、供应商与其供应商间关系），还因交付同一种物料或服务存在横向的供应商—供应商关系（Dubois and Fredriksson，2008；Wilhelm，2011）。依据交换网络理论，当多个行动者及其相互之间的交换关系被视为一个网络系统时，网络中发生在不同成员企业之间的互动关系是相互影响的，因而供应商关系组合中二元关系间存在明显的相互依赖性（Roseira et al.，2010），某一供应商产品属性的改善或企业—供应商关系的变化很可能促使企业与其他相关供应商间关系的变化，这种现象也被学者称为网络效应（network effect）或交互效应（cross-effect）。

3. 企业嵌入供应商网络中并占据核心位置，承担着构建网络、计划和协调整个供应商网络活动的职责（李维安等，2014）。占据核心位置的企业不仅拥有更多向网络中供应商学习、获取新知识和信息的机会，还被赋予了来源于物料供需关系和网络结构、关系特征的一些特殊权力，使其能够通过积极的管理实践引导供应商网络的演化方向。Roseira 等（2010）在案例研究中发现，核心企业能够影响企业—供应商关系的效率与创新在供应商网络中的扩散程度。Holmen 和 Pedersen（2003）通过案例研究和理论分析表明，供应商网络结构以及网络中的关系内容会受到核心企业中介管理机制的影响，并指出核心企业管理供应商网络时可选择联合（joining）、隔离（isolating）和关联（relating）三种中介机制。联合管理机制是企业促使原先不存在交换关系的两个供应商直接关联并相互作用的管理过程；隔离管理机制是故意使多个供应商相互隔离，促进供应商间的竞争行为；此外，关联管理机制被视为核心企业发挥"桥点"作用，将诸如信息、知识等特定资源从一个供应商关系转移到另一个供应商关系。Aune 等（2013）通过单案例研究发现，核心企业的联合、隔离和关联三种管理机制在供应商开发活动中扮演了关键角色，并强调核心企业凭借网络管理有助于企业获取和利用相关资源培育所需的供应商能力。因此,供应商网络不应再被视为外生情境,它是可以被管理的。企业可以主导和适应网络结构与关系的变化,从而最大化动员、配置和利用供应商网络。

除此之外,供应商网络还具有企业间网络的共性特征:(1)复杂性(complexity)。复杂性是网络的最基本特征之一,它源于网络中成员以及成员间互动的差异化水平,对网络管理具有重要影响。供应商网络是由企业与其关键供应商组成的网络组织,相较于管理单个关系,管理供应商网络将使核心企业面临同时处理更多不同且复杂问题的困境(Choi and Krause,2006)。(2)动态性(dynamics)。尽管占据核心位置的企业能够通过协调和控制供应商行为来引导供应商网络的演变轨迹,但作为供应网络的一部分,供应商网络本质上也是自适应系统,其随时间推移和组织间互动而自发演化,也就是说每个供应商诸如构建或终止连接关系、结成合作伙伴等行为与活动除了受其自身利益驱动和核心企业在目标或战略方面的指引外,还会受到网络中其他成员企业之间自发互动的影响(Choi et al.,2001;马汀等,2007)。(3)相互依赖性(interdependence)。成员间的相互依赖性是供应商网络的另一个基本属性,它源自网络成员的自身需要(如企业与供应商以及供应商与供应商间的分工合作)或相互之间存在的潜在关联(例如,两个供应商分担某一特定外包业务)。正是由于供应商网络中成员企业间相互依赖性的存在,才使得任意两个网络成员企业间均能通过直接或间接互动关系相互连接(connectedness)。(4)嵌入性(embeddedness)。组织和组织间关系(包括企业—供应商关系和供应商—供应商关系)均是镶嵌在供应商网络中,企业和供应商的决策与行为均受到作为行动脉络的当前供应商网络结构和作为游戏规则的供应商网络惯例的影响(Choi and Kim,2008)。(5)资源传递性(resource transformation)。供应商网络作为企业的重要外部知识源,是知识、信息、技术等资源获取和传播的主要渠道,通过促进企业与众多供应商之间的信息和知识传播从而达到学习与创新的目的。

二　供应商网络管理模型

Ford 等（2002）在研究商业网络中指出，尽管网络演变不完全受某个网络成员的控制，但嵌入网络中的企业，尤其是核心企业可以通过构建和终止联结来影响网络的演变轨迹，并进一步提出了网络管理模型，该模型是由网络图景（network picture）、网络化（networking）、网络结果（network outcomes）三个要素及其间的相互关联作用构成，如图 2-2 所示。网络图景是指网络成员企业对其所处网络的主观认知与看法，取决于成员企业的感知、经验和推断，并受到环境不确定性和自身理解能力的影响；网络化泛指成员企业在网络中的所有互动，其实质是成员企业治理网络的策略选择与实践行为，也被称为网络化行为（networking behavior）或网络化活动（networking activities）；而网络结果是网络反馈给每个成员企业的结果产出。

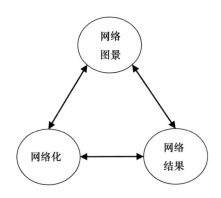

图 2-2　网络管理模型

资料来源：根据 Ford 等（2002）的文章改编。

在该网络管理模型中，网络图景、网络化行为和网络结果三者间相互关联，均呈现影响与被影响的关系。网络图景作为网络成员对网络情境中关系、互动和相互依赖的解读，为其网络化行为提供了基础，也是网络结果的评估依据；而网络成员的网络化行为既能产生个体的网络结果，又能影响或改变行动者对于网络互动的认知；同时网络结果会进一步修正网络成员对网络的独特性解读与认知，也会促使行动者采取某些网络化行为；因此网络管理框架是一个不断互动的动态过程。它能够清晰揭示网络成员的网络图景如何形成与修正，其依据什么行动，以及其绩效结果如何产生，为企业理解网络中互动、如何有效管理网络产生回报提供重要理论基础。

三　企业网络化行为相关研究

网络化行为概念源于社会网络中的个体网络化行为（individual networking behaviors）的研究，最初被用来反映个体（如企业所有者或管理者）利用社会关系获益的一组社会技能与行为（Chetty and Campbell-Hunt, 2003；Ferris et al., 2007；Semrau and Sigmund, 2010）。随着研究的深入，学者们逐渐认识到尽管个体是网络化行动的发起者，但诸如互动、信息交换、活动调整和资源利用等活动均发生在组织之间，网络化行为的概念由此从个体层面（individual level）发展到组织层面（organizational level），企业网络化行为研究逐渐受到学术界的关注。

目前，关于企业网络化行为的研究，仅有少量国外学者进行了初步探索，且普遍从某一社会网络分析层次展开。Corsaro 等（2011）系统梳理这些相关研究，选取了三个典型研究成果，分别从关系（Krapfel et al., 1991）、关系组合（Hoffmann, 2007）和网络整体（Ford et al., 2002）三个层面对企业网络化行为进行理解。

Krapfel 等（1991）基于关系理论，通过组合感知到的权力地位（perceived power position）和共同利益水平（interest commonality）形成矩阵后得到六种关系管理策略（见图 2 - 3），即适应策略、协同策略、管理策略、服从策略、谈判策略和控制策略，且这些关系管理策略在双方沟通开放性和信息共享方面存在显著差异。当行动者间存在高水平的互惠和均衡的权力地位时，企业更愿意采取协同策略，开放式沟通和高密度的信息共享是这一策略的典型特征。当行动者间存在低水平的互惠和均衡的权力地位时，企业更愿意采取谈判策略，仅就达成协议的必要信息进行分享，不存在敏感信息的共享，同时由于双方权力均衡，任意一方都没有足够的权力从对方那获得信息，因此沟通是正式的。管理策略发生在核心行动者权力高于其同伴且感知到高水平的互惠时，此时通过互惠承诺，企业可以促使同伴向其提供信息，因此他们之间的沟通特征是单向的、有目的的、适时的，但不是很开放的。控制策略发生在一个行动者相较于其同伴具有较强的感知权力地位，同时相互间存在低水平的共同利益，企业更多通过行使权力从同伴处获取信息，其大多基于威胁的基础上。当感知到高水平的互惠和较低的权力位置时，企业更倾向采取适应策略，信息的交换在某种程度上显示了合作意愿，因此存在有用且非敏感信息的交换。当感知到低水平感知权力和低水平互惠时，企业更倾向采取服从策略，行动者不太愿意共享信息或与同伴间只存在有限信息的共享来表现其与同伴间的合作意愿。

图 2 - 3 网络化行为作为关系管理策略

资料来源：根据 Krapfel 等（1991）的文章改编。

Hoffmann（2007）基于环境不确定性和其塑造环境或资源禀赋的潜力识别了三种联盟组合管理策略，分别为适应策略（adapting）、塑造策略（shaping）和利用/稳定策略（exploiting/stabilizing），如图 2 - 4所示。三种策略可被划分为探索和利用两个方面。探索方面，行动者通过参与新联盟、探索或开放信息开发机会来获取新资源，这与两个可选择的子策略相关，即适应和塑造策略。适应策略是行动者对动态环境的反应，增加了其资源基和战略柔性，它可以通过探索新的开发机会而不需要高水平且不可逆投资。适应策略有助于扩展企业的资源禀赋，改善其学习和变化的能力。而塑造策略意味着行动者依据自己战略部署积极影响环境的动态性，它反映了通过探索新的发展机会开发新资源与能力的意志，同时它会以一种集中方式带来企业资源禀赋的扩展与深化。利用方面，行动者通过充分获取和整合其合作单元或连续与当前合作伙伴的共同投资来利用其当前资源，这更符合稳定策略。总而言之，适应、塑造和稳定策略是企业应对不断变化环境时采取的主要策略，适应和塑造策略主要是用于探索新机会，其目的是获取新的资源与能力，而稳定策略主要是用于充分有效利用现有资源，其目的是维系现有竞争优势。

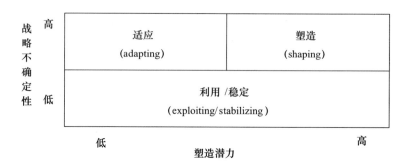

图2-4　网络化行为多维联盟组合管理策略

资料来源：根据 Hoffmann（2007）的文章改编。

Ford 等（2002）提出网络化策略模型包含三个层次，如图 2-5 所示：（1）对现有关系的管理，存在两种选择：反抗或服从。当管理现存关系的日常事务时，行动者会选择反抗或者服从业务伙伴需求，即寻求现存关系的特定变化或维持现存关系现状，这个决策发生在每一个互动中，他们往往是依赖于同伴的行动或反应。虽然这个管理选择似乎只涉及一些小变化，但从长远考虑，他们可能会导致更多彻底的改变，从而影响企业公司战略发展。（2）对企业网络位置的管理，存在两种选择：巩固或创建。一方面，当行动者选择巩固其网络位置时，他可以尝试改善现有关系的日常运作，只有当新同伴提供类似现有资源关系时，他才有可能使用这些新关系；另一方面，当行动者选择创建全新位置时，他很可能重新结合现有关系，从而在一定程度上改变这些关系，或通过建立全新关系以反映不同的资源关系。（3）有意行为对网络演化的影响，存在两种选择：控制与放任，即行动者通过主导互动的具体方面强迫按照其利益方向演化，或遵循其他行动者的意图进行让步，这个决策关系到对网络的控制。一方面，当行动者决定去控制周边网络，由此强迫其他行动者时，它很可能会错过受益于网络资源的机会，并最终得到一个更加以自我为中心的网络图景；另一方面，当行动者决定采取放任策略时，行动者将接触和获得其他行动者的资源和知识，并因此获益于网络，但不利的一面是行动者的行动力将在很大程度上受制于其同伴。

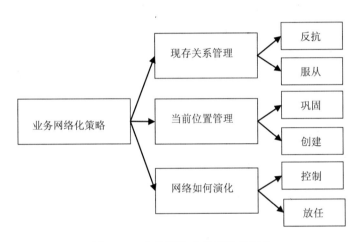

图 2-5 业务网络中的网络化行为

资料来源：根据 Ford 等（2002）的文章改编。

此外，现有研究也越来越重视网络化行为对企业获取外部知识和资源实现创新绩效的重要作用。Lin 和 Hsieh（2011）采用协整分析（cointegration analysis）方法重点考察了企业如何构建供应网络及探索企业是否需要追求与网络成员企业间的长期合作关系等问题，他们指出供应网络情境下，企业采取的动态行为能够帮助企业构建长期网络关系，促进信息与资源在网络中的流动与转移。Naudé 等（2014）认为，借助于网络化行为，与占有丰富资源、具备良好能力的多个企业建立合作伙伴关系，使企业能够整合不同形式网络联结关系，获取战略性资源，从而产生良好的企业绩效。Thornton 等（2014）采用多测量多因果（MINIC）模型，对组织网络化行为的测量模型进行有效性评估，认为组织网络化行为能够帮助企业从多种渠道（直接或间接关系）不断获取有价值的信息，通过与关键合作伙伴建立紧密关系聚集并利用资源，以及积极洞察市场和客户需求，为积极应对、创造竞争优势奠定基础。Thornton 等（2015）研究了网络化行为对企业绩效的影响作用，研究得出企业网络化行为通过市场导向行为和关系协调行为间接影响企业绩效，与最终客户的紧密程度正向调节企业网络化行为与企业绩效间的关系，且这一调节效应不影响市场导向行为和关系协调行为中介作用的发挥，技术动荡的调节作用并不显著。尽管网络化结果是不可预测的（Ford and Mouzas，2013），但企业可以依据其预先估计的网络化结果开展相应的先验行动，通过改变互动内容或网络位置来实现信息获取、机会把握以及强弱关系资源的动员，而不是仅将网络化行为作为纯粹被动的应对策略（Thornton et al.，2014）。同时，网络化行为有助于企业探索和利用网络中存在的机会与约束来影响企业从供应商处获取知识的规模和质量，以及供应商对知识发送、共享的意愿大小，从而促进企业与合作伙伴间的协同创新，对企业产品创新、成本控制意义重大（Choi and Krause，2006；Holmen et al.，2007；Roseira et al.，2010）。

第二节　供应商创新性相关研究

一　供应商创新与供应商创新性

产品创新是当今企业赢取竞争优势的重要源泉，但仅靠内部资源，企业已很难实现创新能力的提升。战略采购与开放式创新成为企业实现创新的重要模式，企业倾向于让外部优秀供应商参与新产品研发过程，并与之有效协作来提升企业创新能力、实现创新目标。作为企业供应链上游的重要合作伙伴，供应商能及时提供企业产品研发所需的专业技术知识和技能，且具有风险低、回报快等特征，已成为企业开放式创新的重要来源。供应商创新是指供应商利用其创新资源与能力实现自身或客户企业的技术创新，其主要表现为供应商采用与其当前活动相关的新颖或改善的产品、服务和工艺活动（Noordhoff et al.，2011）、技术专用性投资与新颖技术信息共享（Henke Jr and

Zhang，2010）。

　　依据创新的具体内容，供应商创新可分为产品创新与工艺创新两种类型（Wang and Shin，2015）。供应商产品创新是指供应商预期或响应客户企业需求进行新产品和新技术的开发，当致力于产品创新时，供应商更新其产品以提供给客户企业全新或改善的产品。而供应商工艺创新是指供应商预期或响应客户需求进行新工艺开发和新技术采用。供应商工艺创新能够帮助企业改善内部工艺和双方互动的效率与效果。尽管产品创新与工艺创新关注的重点不同，是两个不同概念，但单独注重产品或工艺创新将会严重影响新产品的可制造性（new product manufacturability）和新产品开发周期。因此，呼吁产品设计与新产品开发必须与工艺设计和生产技术整合在一起。

　　供应商创新性是供应商创新背后的主要推动力，也是供应商能够为企业创新带来诸如创新资源、能力等方面间接价值的基础因素（Joshi，2017）。供应商创新性概念源于组织创新性，最初用来表示供应商与其竞争对手比较而言采取新思想的倾向性，是一种潜在的组织能力（张国良和陈宏民，2007）。关于供应商创新性的内涵、构念测量等问题，已有学者进行了大量研究。Krause 等（2001）以采购竞争优先权（purchasing competitive priorities）为研究主题，尽管未明确提出供应商创新性概念，却强调创新在战略采购中的重要作用，并利用包含产品创新（product innovation）、技术能力（technological capabilities）和技术共享（technology sharing）三方面的单维量表来测度创新型供应商，为理解供应商创新性的含义提供了初步借鉴。Schiele（2006）重点讨论了采购与创新之间的关联，首次将识别创新型供应商纳入采购管理的工作任务中，并就如何识别创新型供应商这一问题进行了深入探析。通过文献研究、借助战略分析思路提出创新型供应商诸多内部、外部和关系方面的能力特征，即供应商专业性、技术能力、地理位置临近、合作关系可靠且紧密等。虽然此研究仅通过理论分析提出相关命题，并未进行实证或案例研究检验，但关注供应商内部、外部和关系方面的能力特征为理解创新型供应商提供了可靠的思路，也为企业有效选择创新型供应商提供重要启示。

　　供应商创新性概念的明确提出源于 Azadegan 等（2008）的研究，

他们借助组织创新性理论，将供应商创新性视为供应商所具备的开发和引进新产品和工艺的能力，并基于组织学习理论，提出供应商创新性不仅有利于制造企业绩效的提升，还能够促进制造企业的学习行为。

随着合作创新的兴起，对供应商创新性的解释逐渐由自身创新特征延伸到合作过程中供应商所体现的创新性。Schiele 等（2011）指出供应商通过动员自身能力进行创新并参与买方企业新产品开发有助于促进与企业合作创新项目的成功，故将供应商创新性理解为供应商在与企业合作创新过程中所做的贡献，是一种关系专用性的供应商创新，不仅包含供应商自身的创新能力，还涉及供应商参与企业产品创新中支持合作产品开发与工艺提升的倾向与意愿。Pulles 等（2014）强调并非所有供应商都有能力为买方企业的创新绩效做出贡献，且供应商对买方企业合作的意愿与承诺也并不总是明显的，因此在选择供应商时，企业必须关注供应商的技术能力与合作意愿才能确保在合作中获得供应商所贡献的创新价值。基于此，通过理论分析与实证调查，Pulles 等从供应商技术特征、合作态度和关系特征三方面探索识别出创新型供应商的关键特质，提出诸如专业性、供应商研发投资、项目管理能力、合作态度、优先客户地位、供应商开发等均能保障供应商为制造企业创新做出贡献，但关系特征中的企业优先客户地位和供应商开发强调企业的管理努力如何激励供应商创新，并未真正捕捉到创新型供应商在合作关系中表现出的创新特质。禹文钢和李随成（2016）延续 Schiele（2006）的研究思路，着重关注供应商的内部研发能力和开放式协作导向并引入供应商知识管理和协作能力对供应商创新性进行理解，并通过实证证实以知识管理能力和知识协作能力为特征的创新型供应商是其对制造企业提供创新贡献的基本保证。王玮等（2015）在系统回顾已有研究的基础上，综合运用组织创新性理论和关系观深入探析供应商创新性的概念与结构维度，他们认为同时从供应商个体角度和企业—供应商关系角度切入有助于揭示供应商创新性的概念本质，并进一步利用深度访谈和扎根理论方法探索形成了由供应商技术能力、创新欲求、资源共享意愿和关系协同能力 4 维度组成的供应商创新性解释架构，其中前两个维度强调供应商自身具备的创新特性，而后两个维度则强调供应商在合作中体现的为企业创新做贡献的合作特质。

通过以上梳理与分析，现有学者对供应商创新性概念的理解已从供应商个体创新特质拓展深入到合作关系中供应商体现出的创新特质，内涵更为丰富，更具包容性，且已探索得出供应商创新性构念的结构与维度。

二 供应商创新性对企业创新的影响

在当前技术创新速度日益加快、产品不断更新换代的情况下，企业与供应商合作创新逐渐普遍，供应商被要求承担越来越多的产品设计和生产责任，并通过向企业提供技术知识和创新资源、参与新产品研发决策来促进企业的产品创新。集成供应商创新，也被称为供应商参与新产品开发，逐渐成为企业增强创新活力，提高创新绩效产出的重要措施。然而，近年来理论研究与实践均表明，供应商参与并不一定会导致高水平的企业创新绩效产出。究其原因是供应商参与新产品开发过程中存在着不确定性，且大量设计和生产任务的外包也将可能促使企业产品创新能力的退化，从而对产品开发绩效产生微弱或消极的影响作用。正是由于上述理论研究结果的分歧和企业实践结果的不确定性，促使研究开始进一步挖掘供应商创新的产生过程，认为驱动供应商开展创新活动的供应商创新性对企业产品、工艺、服务等创新绩效具有重要影响（Azadegan，2011；Schiele et al.，2011）。供应商创新性研究不仅有助于企业实践者更好地识别创新型供应商，更为重要的是充分调动供应商的创新能力，增强供应商创新意愿，从而更好地服务于企业产品创新。

一般来说，利用供应商创新性不仅涉及整合供应商的技术能力、创新倾向，还要整合供应商与企业共享知识和技术进行产品创新的意愿等。首先，供应商作为独立组织，自身创新能力是供应商创新性的重要体现。拥有强技术能力和创新倾向的供应商创造新产品、新技术和新服务的成功概率越大，供应商越有可能及时提供企业所需的新颖互补性知识与资源，这有利于企业脱离"惯式"创新思维模式，推动企业的技术革新与产品的更新换代，开发出满足未来市场需要或个性化需求的新颖产品,以提高产品的市场竞争力,创造新产品优势(Wagner,2010)。其次,供应商嵌入企业—供应商二元关系中,供应商创新性还代表了供应商积极支持企业新产品研发的意愿。供应商长期积极参与到企业新产品研发过程中并与企业协同工作,一方面,有助于增强企业学习的可能性,提升其技术创新能力,利于企业改进产品和工艺,快速制定决策并解决产品开发和制造问题,提高新产品研发的成功率(李随成和姜银浩,2009);另一方面,供应商参与过程中形成了双方显性和复杂隐性知识的共享与转移,从而通过深度整合双方先进知识和技术来提高合作效率与新产品创新绩效(Lakshman and Parente,2008)。因此可认为,供应商创新性作为供应商提供创新的前提和基础,对企业产品、工艺与服务创新起着至关重要的作用,是企业开放式创新成功的基石。

三 供应商创新性管理与利用

随着供应商创新性对于企业产品创新的促进作用得到理论界和实践者的广泛认可,学者们开始着手研究如何管理和利用供应商创新性的相关问题,以期望通过一系列增强与整合供应商创新性的管理实践来促进企业产品创新绩效的提升。

关于对供应商创新性的管理,Schiele 等(2011)在对供应商创新性内涵进行拓展的基础上,探讨了供应商创新性的前置因素,研究显示,供应商能力和企业优先客户地位两个因素与供应商创新性之间呈显著的正相关关系。Jean 等(2012)探讨供应链中客户—供应商二元关系是如何促进供应商创新的形成,研究显示供应商市场知识获取、关系学习、系统协作以及技术不确定性是供应商创新形成的前因变量,并最终促进了企业与供应商的关系绩效,其中供应商对企业的依赖性负向影响了这些前因变量对供应商创新所产生的正向影响效果。Inemek 和 Matthyssens(2013)基于关系观和组织学习理论,探讨在跨边界供应网络中,买方企业—供应商关系中哪些要素驱动了供应商创新性的形成,研究指出买方企业协助、共同产品开发、合作关系是驱动供应商创新性形成与提升的重要因素。Jean 等(2017)探讨了跨国差异在供应商创新性形成中的作用,研究发现客户导向、客户控制和技术不确定性有助于增强供应商创新性。Wagner（2009）对现有供应商创新相关文献进行了研究与分析，并从中归纳总结出集成利用供应商创新的主要途径，即识别并吸引创新型供应商，评估供应商的下游客户导向，维持真正的合作型供应商关系，合理解决人员沟通与培训等问题。Henke Jr 和 Zhang（2010）探讨了促进供应商创新的企业三方面合作行为：供应商参与新产品开发，较高开放性并及时与供应商共享信息，与供应商在成本、质量等方面合作帮助供应商提升自身竞争优势。Winter 和 Lasch（2011）采用文献研究和理论分析的方法，对获取和成功实现供应商创新所必须满足的要求和条件进行了全面总结，并提出一个与企业内部和企业间相关的供应商创新"推和拉"框架，与企业内部相关的要求必须满足以保证采购部门成为供应商创新的通道，全面、系统地管理供应商，与关系相关的要求必须被满足以克服供应商创新障碍，遵守项目相关的要求以支持创新合作。Winter 和 Lasch（2012）认为企业只有完成对供应商创新的评估，才能确实对供应商创新进行整合利用，并通过多案例研究方法提出了供应商创新性评估的维度，探索了企业实现对供应商创新性进行评估的必要条件。

而关于供应商创新性的利用，Wagner（2012）采用知识观、组织学习理论和交易成本理论，探讨核心企业在产品开发的模糊前端阶段如何与供应商合作以更好地利用供应商的知识和能力，研究显示，供应商整合于模糊前端对核心企业新产品开发产出具有显著正向影响，企业吸收能力正向调节这一影响，而关系专用性投资和供应商参与新产品开发负向调节这一影响。Kim 和 Chai（2017）基于创新扩展理论，从全球供应链视角探讨供应商创新性、信息共享对整个供应链敏捷性的影响，认为相较于全球采购，国内采购情境下供应商创新性更有助于促进供应链中的信息共享和供应链敏捷度的提升。Azadegan 等人对供应商创新性和组织间学习在增强企业制造能力中的作用进行了理论研究，并进一步通过对美国 148 家制造企业及与其对应的 592 家供应商的问卷调查实证检验了制造商和供应商间学习方式的"匹配"对企业利用供应商创新性提升制造能力的影响（Azadegan et al.，2008；Azadegan and Dooley，2010）。具体来说，当供应商承担产品设计责任较小时，制造企业与供应商采取不同的学习模式有助于更好地利用供应商创新性提升制造企业绩效；而当供应商承担产品设计责任较大时，制造企业与供应商同时采取开发式学习模式更有利于实现供应商创新性对制造企业绩效的促进与提升作用。随后，Azadegan（2011）重点强调了供应商运营创新性的重要价值，应用关系观理论对企业利用供应商创新性进行探索和分析，识别出供应商运营创新性、企业吸收能力、供应商评估项目分别是关系专用性资产和互补能力、知识共享惯例和有效治理四个关系租金的产生来源，进一步通过大样本数据验证并明确了制造商—供应商互补性能力和关注专用性资产在供应商运营创新性提升制造企业绩效过程中的重要作用，证实了企业吸收能力和供应商评估计划在供应商运营创新性和制造企业绩效间关系中的正向调节作用。Bengtsson 等（2013）认为企业了解、吸收和利用外部供应商知识对于企业实现产品创新尤为重要，并提出包含熟练的供应商管理（proficiency in supplier management）和跨职能决策（cross-functional decisions）的企业内部知识整合能力对于有效利用供应商创新性具有重要作用，且这一作用程度大小还受到技术不确定性的调节。禹文钢和李随成（2016）在挖掘创新型供应商的关键特征基础上，进一步考察分析并运用层次回归对 516 份调研数据进行实证检验，证实企业采购集成能力与供应商集成能力等内部管理能力对供应商创新资源的杠杆作用。李随成等（2013）从网络视角重点探讨供应商创新性、企业网络能力对创新结果的影响及这些影响作用是否会因处于不同的网络结构情境中表现出差异性。实证证明，供应商创新性、企业网络能力对企业创新结果具有显著作用，而恰当的网络结构将促进这些影响关系。

第三节 利用供应商网络整合供应商创新相关研究

一 整合供应商创新相关研究

依据供应商创新的发起方，可将供应商创新划分为"推动式"（push model）和"拉动式"（pull model）两种模式（Winter and Lasch，2011）。"推动式"供应商创新来源于供应商自身的设计驱动（design driven），是供应商自发对产品或工艺过程方面的创新，并通过采购活动将创新结果转移给企业，这一过程可被视为"购买创新"（buying innovation）；而"拉动式"供应商创新来源于用户需求（user orienrited），是由企业发起的由供应商开展的相关方面创新，且企业积极主动获取并应用供应商的创新结果，这一过程可被视为"联合开发创新"（co-developing innovation）。

尽管两种供应商创新模式对企业产品创新具有重要贡献，但相比于"推动式"供应商创新，"拉动式"供应商创新能够促使供应商更有的放矢地开展企业所需的创新活动，并降低供应商将创新知识、技术等资源传递给竞争对手的风险，因而逐渐得到学者们的重视。对于企业来说，倘若供应商能够自发协同企业实现产品、工艺与服务的改进与创新，将对企业实现高效产品创新更具价值（Wagner and Bode，2014）。因此，理论界呼吁企业管理者应重视两种供应商创新方式的平衡发展（Beyene et al.，2016；Yan et al.，2017），除强调积极协调供应商参与到企业的新产品研发活动中，还应关注供应商所能提供的具体价值和贡献。

Henke Jr 和 Zhang（2010）分析指出，供应商投资新技术与共享新技术的意愿是其开展创新活动的重要表现，客户行为活动对供应商创新会产生直接影响。一方面，客户合作行为会拉动供应商创新；另一方面，客户竞争行为则会对供应商创新产生抑制作用，如图 2 - 6 所示。其中，客户合作活动主要包括三个典型活动：（1）让供应商参与到企业运营环节中，尤其是产品开发环节，保证供应商专业与先进技能的有效使用；（2）展示自身开放性，并及时与供应商充分并及时共享信息；（3）共同工作，帮助供应商提升其在成本、质量与柔性方面的竞争力。而客户竞争活动主要表现在营造的关系压力方面，如企业与供应商间的目标冲突、供应商感知到的工程与专业的巨大挑战以及降价压力等。

Winter 和 Lasch（2011）认为只有具备适合供应商创新的前提条件时，才能确实对供应商创新进行整合利用，并通过对相关文献进行梳理，探索出企业实现"推动式"与"拉动式"供应商创新的必要条件，提出了供应商创新获取与成功实现框架，如图 2 - 7 所示。

该框架中主要包括六个方面的必要条件：（1）企业必要条件，企业自身必须满足一定的条件才能使采购部门成为获取供应商创新的有

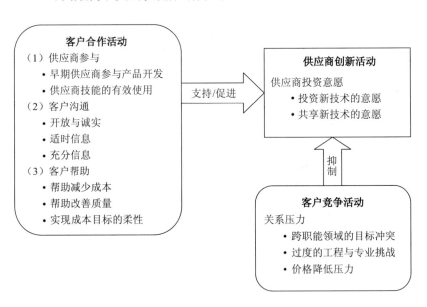

图 2-6 提升供应商创新

资料来源：根据 Henke Jr 和 Zhang（2010）的文章改编。

效通道，这些条件涉及联合战略规划、先进采购、成文的过程与规则、开放式的创新文化、跨职能间合作以及创新的价值观等；（2）供应商管理必要条件，企业必须建立一个包含供应基管理、供应商整合、供应商开发等的全面、系统的供应商管理机制或系统才能实现对供应商创新潜力的识别与利用；（3）关系方面的必要条件，以优先客户地位、公平对待、知识保护以及信任为特征的企业—供应商关系，是供应商对企业做出创新贡献的重要驱动因素与保障；（4）项目方面的必要条件，与特定供应商间合作创新的项目条件也必须得到满足，如企业高管对项目的支持、企业的项目管理水平、项目间的信息交换、创新界定等方面；（5）企业对供应商创新的激励和（6）企业获取供应商创新的渠道对于企业整合利用供应商创新也至关重要。不同的激励与渠道作为获取供应商创新的更高需求，缺少渠道，企业与供应商间不可能存在创新交换，引入适当的供应商创新获取渠道会为"推动式"与"拉动式"供应商创新提供可能性，而缺乏合适的激励，供应商则不会做出创新贡献，有效的供应商激励机制将鼓励供应商向企业提供创新。

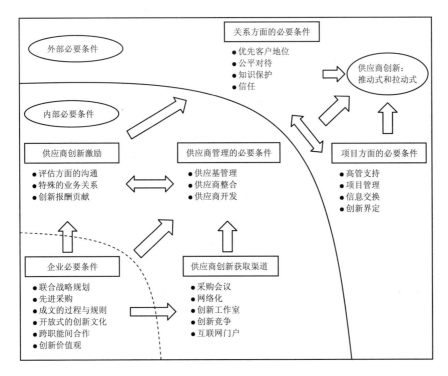

图 2 - 7 供应商创新获取与成功实现框架

资料来源：根据 Winter 和 Lasch（2011）的文章改编。

二 供应商网络对整合供应商创新的影响研究

与二元关系相比，借助供应商网络这种组织形式，一方面，企业更容易获取信息与知识资源，并有助于企业通过与供应商的直接关系获取其他网络成员更多的信息和资源；另一方面，企业可以更好地进行学习和创新，同时也有利于企业声誉和地位的获得。因此构建恰当的网络结构、有效地管理供应商网络对企业更好地整合利用供应商资源与能力显得尤为重要。

目前，关于企业如何通过供应商网络获取并利用供应商资源与能力、实现产品创新的相关文献主要集中在网络结构、网络关系等网络特征（network characteristics）对企业创新绩效的影响和企业如何通过自身网络能力有效管理网络关系动员、配置、使用网络中的关系与资源两方面。前者侧重于企业如何认识并刻画供应商网络特征（Hong and Chang，2016），以及这些网络特征能够为企业带来何种机会或约束，如可接触与获取资源的规模与类型、知识信息转移或传递的速度等；后者则侧重研究企业主动建立、管理和利用网络关系的能力（Dhanaraj and Parkhe，2006；Mu and Di Benedetto，2012），及其优劣程度对企业获取和利用供应商网络知识与资源的重要影响作用。

涉及结构与关系两方面的供应商网络特征是刻画供应商网络的关键变量。根据社会网络理论和网络嵌入性理论，企业行动及其带来的结果均受其所嵌入网络的整体结构、关系特征和个体网络位置属性的影响与作用（Moran，2005）。网络整体结构特征关注网络形态，强调网络成员间形成的网络联结状态拥有相应的网络资源，能够通过改变或影响资源在网络中的分布与传递，进而影响成员企业整合资源的规模与质量（Samaddar et al.，2006；Noordhoff et al.，2011）。网络关系特征主要关注网络中关系内部的互动强度，高强度的互动能够推动网络成员间信息、知识等资源的共享，促进网络成员间认知的一致性，更有利于保障网络成员间合作的有效性。而个体网络位置属性凸显网络成员在网络中所占据的结构位置，占据有利的网络位置使得该网络成员能够有效地接触网络资源、影响其他网络成员的行动，最终作用于个体利用与整合网络的效果上。李随成等（2013）研究发现恰当的网络结构能够促进企业对网络中供应商创新性的整合与利用。Phelps（2010）和朱亚丽等（2011）认为，网络结构特征不仅影响企业从供应商处的知识获取，还能够影响合作伙伴对知识的发送意愿。Gao 等（2015）通过对 202 家中国制造企业及其供应商网络进行调研分析，证实了供应商网络特征（如制造商—供应商关系强度和供应商网络密度）显著影响供应商网络中多样化技术转化为制造企业的新产品优势。

然而，也有学者认识到过度依赖已建立的关系或忽视引进新关系的重要性会导致企业创新成功需要的新颖信息与资源的匮乏。Mu 和 Di Benedetto（2012）强调企业能够主动建立并系统设计网络，企业优于竞争者的网络能力能够促进自身对外部知识和资源的吸收，提高自身产品创新绩效。自 Håkansson（1987）首次明确提出网络能力的概念之后，企业实践和理论界对网络能力的认识不断深化，对其概念本质与构成的讨论与分析也越来越多。例如，Ritter 等基于能力观视角，认为网络能力是企业处理网络关系所具备的网络管理资格和执行网络管理任务的完成情况，是"网络化企业"应该具备的管理由其参与的直接关系构成的网络、执行相应关系专用性任务的基础能力，属于一种组织资格实践（Ritter，1999；Ritter and Gemünden，2003）。徐金发等（2001）在深入剖析企业网络能力本质、构成以及提升途径的基础上，将其理解为发展和管理外部网络关系的能力，其本质是利用网络资源来提升竞争力，并认为应从战略、网络和关系三个层次理解企业网络能力，提出网络能力分别归属这三个层次的网络构想能力、网络角色管理能力和网络关系组合能力。邢小强和仝允桓（2006）基于已有理论与实践现象指出，网络能力是一种组织的动态能力，能依据自身拥有和外界补充的资源，通过实施一系列管理活动以达到识取网络资源、影响网络演化方向目的的企业，具有较强的网络能力。这些管理活动涉及网络价值与机会识别、网络结构塑造、网络关系开发与整合。Walter 等（2006）将网络能力视为企业的一种组织特征，认为具备该能力的企业能够更好地发起、维护和集成与外部合作伙伴间的直接关系，并通过理论分析和借助已有文献研究识别和提出网络能力的四个维度，即协调能力、关系技能、合作伙伴知识、内部沟通。Mort 和 Weerawardena（2006）将网络能力定义为在全球化过程中，小型创业企业开发某些网络惯例来配置或重新配置其所构建的网络中资源的能力。Mitrega 等（2012）认为需要关注业务关系的动态特征，借助动态能力理论将网络能力定义为在组织层面上，核心企业采取一系列行动和组织规则，发起、发展和结束业务关系以提升自身收益的能力，并指出三个内容构成要素：关系发起能力、关系发展能力和关系结束能力。朱秀梅等（2010）集中分析了网络能力理论内涵，认为网络能力是企业利用自身掌握的互动经验，通过各种网络开发活动实现网络效益的能力，由网络导向、网络构建能力和网络管理能力三个维度构成。任胜钢（2010）延续邢小强和仝允桓（2006）的研究思路，着重关注网络能力对促进企业创新成功的重要功能，他认为只有具备识别网络机会、构建网络关系、优化网络结构和整合网络资源等能力，企业才能通过网络获得期望效益。网络能力有助于企业整合和管理多样化的网络联结，并促进网络成员间共同探索和利用价值机会（Capaldo，2007）。通过合作关系网络的设计和构建，企业能够利用网络成员间关系获取关系租金，产生持续的竞争优势，为降低成本、响应客户需求和创新提供重要基础（Ziggers and Henseler，2009）。

第四节　现有研究述评

目前，已有研究从促进供应商创新能力的提升、促进企业与供应商的合作创新等方面来帮助企业开发和利用供应商创新性，这为企业产品创新中供应商创新性的利用研究奠定了理论基础，但研究还存在一些不足之处。

第一，大部分研究局限于探讨供应商创新性对企业创新绩效、创新能力等的直接影响，鲜有关于供应商创新性是否得到利用的研究，忽视了供应商创新性利用的内在机理，难以准确揭示企业利用供应商创新性的有效机制。

第二，现有研究多是从二元关系视角，采用关系观、知识观、组织学习理论对如何利用供应商创新性展开研究，然而，现实中供应商并非孤立存在，企业—供应商关系已扩展到供应商网络。相较于二元关系，网络视角有助于企业从整体考虑企业与供应商及其他供应商之间相互依赖关系对整合供应商创新性的影响，更为贴近供应商创新性利用的实践情境。同时也应该看到，从网络视野管理供应商所带来的复杂性也将是企业在利用供应商创新性方面面临新的挑战，因此有必要对供应商网络情境下如何有效利用供应商创新性问题进行深入研究。

第三，供应商网络相关研究仍过于强调网络结构和关系特征对供应商创新行动的限制与约束，或关注企业网络能力在获取和推动供应商创新中的功能作用，而对于企业开发与利用供应商网络的行为极少考虑，缺乏对企业个体行为内在驱动力的解释，这极大地制约了企业通过管理供应商网络充分整合与利用供应商创新性。尽管国内外研究学者已经围绕企业供应商网络化行为展开研究，但对其内涵概念仍未达到一致性理解，且针对其结构与维度的研究成果少，未明确阐释企业网络化行为的内部特征。同时企业网络化行为的理解多停留在一般企业间网络情境下，虽可借鉴，但因企业与供应商物料供给关系、关系间相互依赖等表现出的供应商网络自身特殊性，使得已有企业网络化行为的研究结论不能通过简单修正与延伸直接应用到供应商网络情境中，因此需要针对企业供应商网络化行为概念进行深层探究。关于企业供应商网络化行为是什么，由哪些维度构成等基本问题，需要进行深入探索。

第三章　企业供应商网络化行为的探索研究

　　供应网络取代个体企业和供应链已成为企业间竞争的主体。在网络经济背景下，对企业网络化行为研究顺应了网络资源整合、网络构建与治理等管理新理念的诉求。建立供应商网络并维护其持续、稳定运行能帮助企业获取多样化资源，促进企业竞争力的持续发展（Gao et al.，2015）。然而，供应商网络中企业与多个供应商利益相对独立、目标不协调甚至冲突，成员的机会主义行为经常发生使得无法产生企业期望的网络效益结果。核心企业处于供应商网络的关键结点，能够引导供应商网络形成与演化，在维护网络持续、稳定运行中发挥关键作用。近年来，随着网络管理研究的兴起，企业网络化行为概念和作用效应越来越得到学术界的认可，但在供应商网络背景下企业网络化行为的内涵是什么？是否与一般企业间网络情境下有所区别？企业供应商网络化行为构念结构是什么样的？是本章探索研究的重点。

第一节　企业供应商网络化行为内涵分析

　　学术界关于企业供应商网络化行为还没有给出明确界定，仅有极少文献从不同研究目标与侧重点出发尝试性地探讨了类似概念。Dyer 和 Nobeoka（2000）以丰田汽车公司创建和管理高绩效知识共享的供应商网络为研究主题，明确指出丰田为促进知识在其供应商网络中的交流与传递，积极组建了 4 个供应商网络化流程，即供应商协会（supplier association）、咨询小组（consulting teams）、自愿学习团队

（voluntary team）和企业间员工转移（interfirm employee transfers）。
Harland 和 Knight（2001）聚焦医疗行业企业在供应网络管理上的不
同选择，发现六种网络管理角色，分别为网络构建代理（network
structuring agent）、协调者（co-ordinator）、顾问（advisor）、信息中介
（information broker）、关系中介（relationship broker）以及创新发起者
（innovation sponsor）。Roseira 等（2010）指出供应商网络中关系间相
互依赖性是普遍存在的，且需要核心企业在认识与理解基础上进一步
从关系组合和网络整体视角对其进行有效管理，以更好地利用供应商
网络创造更多价值。Wu 等（2010）探索买方企业—供应商—供应商
三元关系网络情境下买方企业施加的影响（buyer influence）是否会
影响供应商间关系的建立，实证证实组织交流会议、鼓励供应商间协
作、组建工作小组等买方企业所施加的影响（buyer influence）对供
应商与供应商间竞合关系（supplier-supplier co-opetition）的形成起重
要决定性作用。

　　供应商网络化流程、供应网络管理角色、管理相互依赖性、买方
企业施加的影响等相关概念的提出体现了学者们对于企业供应商网络
化行为的初探，为针对性研究企业供应商网络化行为奠定了文献基
础，但由于结论非常分散，在研究深度上还处于较为表层和粗浅的阶
段，且针对企业供应商网络化行为内涵构成的研究成果较少，结论缺
乏一致性，使得现有文献成果还未真正发现企业供应商网络化行为的
实质表征，还需对其基本内涵与构成进行深入探究。从定义的系统性
来看，要理解什么是企业供应商网络化行为，应该从以下两个方面来
进行：（1）什么是企业网络化行为？其目的与特征是什么？（2）什
么是供应商网络？供应商网络是否以及在哪些方面需要企业主动管理
改进？

　　在营销与战略管理领域的研究中，已有一些学者开始关注企业网
络化行为，并对企业网络化行为内涵与构成进行了初步阐述，详见
表 3－1。梳理分析发现，相关研究主要从三个角度理解企业网络化
行为。一是策略角度，Ford 等（2002）最早提出网络化行为是企业
建议、请求、要求、执行和适应等所有交互行为，并指出这些行为来
自企业的三个管理选择：（1）对抗或顺从现有关系；（2）巩固或创

造网络位置；（3）控制或放任网络演变。三个管理选择的不同组合可形成不同的企业网络化策略。Corsaro 等（2011）将网络化行为视为企业管理网络关系组合的策略，借用 Hoffmann（2007）提出的联盟组合策略研究成果提出利用（exploiting）、适应（adapting）和塑造（shaping）三种企业网络化策略。二是活动角度，Harland 等（2004）聚焦供应网络构建与运作过程，认为网络化行为是企业通过寻求协作和管理网络来挖掘和利用供应网络潜在价值的实践活动，并通过探索调查 16 个供应网络的形成与发展过程，获得 9 个具体的企业网络化行为，即伙伴选择、资源整合、信息处理、知识获取、社会关系协调、风险与收益共享、决策、冲突解决和激励。吴结兵和郭斌（2010）指出，为应对或适应环境变化，企业需要主动介入网络关系的发展过程，这些企业自主构建行动即为企业网络化行为。三是目标角度，Thornton 等（2013）则依据"目标驱动行为"框架，将网络化行为定义为企业开发与利用直接或间接网络关系以实现预期目标的一系列组织行为，包括信息获取、机会挖掘、强联结资源动员和弱联结资源动员 4 个维度。

总的来说，关于企业网络化行为内涵的理解现已达成共识，普遍认为企业网络化行为泛指企业追求并利用长期网络关系产生网络效益所采取的相关管理行为，主动介入网络形成与发展过程、利用网络关系是其本质表现。

供应商网络是一个复杂自适应网络系统，其主要构成包括企业和上游的多个关键供应商，供应商网络运行效率影响企业的生产经营活动和创新产出，然而供应商网络构成特征使其暴露出其运行中一些薄弱环节，需要企业攻克。主要表现为：（1）网络中关键业务活动的参与主体由供应商网络成员共同构成，但在成员自身决策过程中，又出于自利目的各自为政，并因此引致成员与网络整体间的矛盾，打破了网络的相对均衡态势；（2）供应商网络中存在买方—供应商和供应商—供应商两类关系，前者不单是交易关系，后者也不限于纯粹的竞争关系。成员间存在千丝万缕的联系，可能存在资源交换关系，且资源能够相互补充，如知识、信息、技术专利、人力资源等多种资源，但是由于信息不对称情况普遍存在，网络成员极有可能投机性地搭便车，出现一系列道德风险行为（谢恩和梁杰，2016）。在此负面影响下，已形成的网络成员间的长期互利共赢合作会受到冲击，导致整个网络无法高效运转。于是，为了维护网络态势均衡和持续运转，需要各参与企业积极介入加强相互协作，这也是为什么要探究企业供应商网络化行为的动因。

借鉴已有相关研究和供应商网络运行的薄弱点分析，将企业网络化行为引入供应商网络情境下，结合先前学者对企业供应商网络化行为的认识，将企业供应商网络化行为界定为：为维护供应商网络的持续稳定运行并产生网络效益，企业主动介入供应商网络形成与发展过程并利用网络关系的持续互动。

表 3 - 1　　　　　　　　　　企业网络化行为相关概念

文献作者	内涵	维度	研究方法
Ford 等（2002）	网络化行为是指网络成员建议、请求、要求、执行和适应等所有交互行为	1. 对抗或顺从现有关系 2. 巩固或创造网络位置 3. 控制或放任网络演变	理论研究
Harland 等（2004）	企业网络化行为被界定为通过寻求协作和网络管理来利用网络潜在价值的实践行为	1. 伙伴选择 2. 资源整合 3. 信息处理 4. 知识获取 5. 社会关系协调 6. 风险与收益共享 7. 决策 8. 冲突解决 9. 激励	案例研究
Mouzas 和 Naudé（2007）	企业网络化行为是企业为理解、利用其网络环境所采取的战略性、目标导向的组织行为	——	案例研究
Håkansson 等（2009）	企业网络化行为是企业影响网络中成员间互动内容与方向的有意行为，其服务于组织的特定网络目标	——	理论研究

续表

文献作者	内涵	维度	研究方法
吴结兵和郭斌（2010）	为应对或适应环境变化，企业需要主动介入网络关系的发展过程，这些企业自主构建行为即为企业网络化行为	—	案例研究
Corsaro 等（2011）	将企业网络化行为视为企业管理网络关系组合的策略	1. 利用 2. 适应 3. 塑造	实验研究
Mitrega 等（2012）	企业网络化行为是由形成或改变其自身业务关系组合的一系列核心企业行动，其目的是优化自身网络位置	1. 关系发起 2. 关系开发 3. 关系终止	实证研究
Ford 和 Mouzas（2013）	网络化行为是行动者为改变其所参与的特定关系或更广泛网络中互动结构与流程的有意尝试	—	理论研究
Thornton 等（2013）	依据"目标驱动行为"框架，将网络化行为定义为企业开发与利用直接或间接网络关系以实现预期目标的一系列组织行为，是组织的一种"由外向内"能力	1. 信息获取 2. 机会把握 3. 强联结资源动员 4. 弱联结资源动员	实证研究

第二节　研究方法选择

目前如何管理供应商网络及利用网络关系仍处于初步探索阶段，关于企业供应商网络化行为的成熟概念范畴和测量量表未见报道，致使直接进行大样本量化研究容易遗漏质性数据和缺失隐性细节，故而未必有效，因此需要借助科学的质性研究（qualitative research）方法进行前期探索。质性研究设计灵活，可在研究过程中视情况而改变，强调通过对研究现象的观察以及广泛的资料收集，捕捉管理实践中显现出来的现象，并对这些现象进行"解释性理解"，产生贴近现实的理论基础，故更适用于探索性研究中（丁鹏飞等，2012）。然而，单纯定性方法无法进行理论架构检验，需结合使用量化研究方法进一步检验理论架构的效度（Allwood，2012）。结合质性与量化研究方法，在理论构建和变量测量方面相互补充，并对现象做出更可靠全面的解释（Kelle，2006）。因此，研究采用质性—量化衔接的研究方法探讨企业供应商网络化行为构念。

质性研究采用扎根理论方法，主要基于以下考量：（1）扎根理论根植于丰富的经验资料和翔实的现实数据自下而上地构建理论，通过持续地螺旋式比较和分析这些经验资料与现实数据，不断提炼和修正概念及其关系的抽象层次，直至达到理论饱和（Binder and Edwards，2010），它有助于调查者对供应商网络的开发与优化的真实情境进行分析，并从真实事件中归纳并提取影响这一过程的企业行为活动，厘清企业行为活动间的关联并作解释性理解；（2）扎根理论在研究前不需要提出既定的研究假设或命题，而是从调研资料与数据中分析、挖掘和提炼概念、范畴及关系，更加适合于企业供应商网络化行为这类在内涵与结构维度上尚未明确的理论构念的开发（Wagner et al.，2010）。因此，选取扎根理论作为质性研究的主要方法。量化研究采用大样本问卷调查法，并依据构念模型类型选择合适方法，遵循构念研究的普遍过程进行可靠性与有效性检验。其主要原因有两点：（1）通过扎根理论研究，从企业实践中提炼企业供应商网络化行为这一构念的理论架构，表明企业供应商网络化行为属于企业切实的实际活动，可通过实地调查来获得这些行为活动及企业对这些行为活动开展情况的评价。（2）扎根理论研究形成的企业供应商网络化行为初始测量条目，可用于编制出企业供应商网络化行为调查问卷，为开展大样本问卷调查奠定重要的工具基础。

一　扎根理论及其步骤

扎根理论，即根植于原始经验资料与实践数据建构理论的探索性方法，是由 Glaser 和 Strauss 于 1967 年提出的一种科学规范的质性研究方法，且已广泛应用在社会科学研究中。扎根理论旨在带着研究问题进行实地调研，基于理论抽样，通过搜集、分析与持续对比经验资料与实践数据，不断理解并提炼社会行动者所产生的真实概念和含义，发展范畴及其之间关联，从而整合凝练上升到实质理论，直至理论饱和。这一理论强调收集数据的同时进行对数据的解释与分析过程，不断从数据中凝练理论，用新数据来检验与完善理论，最终实现理论饱和，否则就需重新梳理和理解现有数据资料，并再收集补充新的数据资料使理论达到饱和为止。此外，区别于存在先验假设的一般理论研究，扎根理论研究不需要建立在预期或既定研究假设与前提的基础上，而是基于研究者持续解释和对比调研数据，从调研数据资料中产生概念与范畴，发现主要范畴间"故事线"的方式来描述最原始的理论阐述过程。扎根理论研究的基本流程如图 3 - 1 所示。

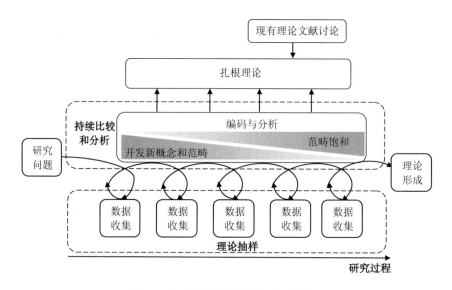

图 3 - 1 扎根理论研究的基本流程

资料来源：依据 Wagner 等（2010）的文章改编。

编码是通过对原始数据资料进行分解、挖掘、提炼和归类等的操作化过程，最终以恰当方式抽象为概念并整合形成理论。对资料进行逐级编码是扎根理论的关键环节，通过编码可以解释资料中所发生的情况，反复思考其中的意义，从而指引进一步的数据收集和理论构建。扎根理论依次包含开放式编码（open coding）、主轴编码（axial coding）和选择性编码（selective coding）三个重要编码环节。首先，作为扎根理论逐级编码的第一环节，开放式编码是在访谈对象提供丰富且生动的资料和获得相关补充资料的基础上，对收集到的大量原始访谈语句和相关数据进行一词一句的分析与标签化，从而从这些原始访谈资料与数据中提选初始概念，并发现比初始概念更高一级的相应范畴。这一编码过程的输入是原始访谈语句和数据，输出是所挖掘初始概念提炼的相应范畴，但需要反复斟酌这些概念与范畴是否能够很好地反映原始资料内容。其次，在开放式编码生成相应范畴的基础上，主轴编码强调进一步探寻这些范畴之间的关系，并进一步发现并命名更高层次的范畴。这一编码过程的输入是开放式编码所产生的次要范畴，输出则是通过厘清次要范畴间的关系所发展的主范畴，需要说明的是这一过程中仍需要梳理和分析必要的原始资料，从而发现各次要范畴之间的关联，整合发展更高层次的主范畴。最后，基于所发现的主范畴，选择性编码进一步寻找核心范畴，并梳理核心范畴与主范畴、主范畴和次要范畴之间的关系，以"故事线"的方式梳理并构建理论，形成以范畴之间关系为脉络基础的扎根理论。这一编码过程的输入是主轴编码所产生的主范畴、开放式编码所产生的范畴，输出则是核心范畴以及所形成的理论，这一过程强调对范畴之间关系的逻辑脉络的挖掘和分析，从而系统描述范畴之间的关系，整合成较为完善的理论构架。

二　构念测量检验和量表开发

随着管理学研究的深入发展，研究者在构念建构中主要运用两种构念模型，即单维构念和多维构念（陈晓萍等，2008）。二者之间的差异表现在两个方面：（1）单维构念是不可观测的、抽象的，其指标是可观测的、具体的，而多维构念和其各维度都是不可直接观测的概念，它们均是用来概括抽象管理现象的；（2）尽管类似，但多维构念与各维度之间的关系比单维构念与其指标之间的观测更复杂。

依据理论构念与观测指标的内在关系（即本质诉求），单维构念存在反映型和构成型两种不同的测量模型（Coltman et al.，2008）。反映型测量模型（reflective model）中观测指标作为理论构念外在的表现形式，是理论构念的反映或效果。当理论构念属性发生变化时，观测指标也随之发生变化，任意观测指标之间存在很大的共同变异，任何两者在测量上是可以互换的。而构成型测量模型（formative model）中观测指标是理论构建的关键构成要素，理论构建的意义存在于对这些指标整合的基础之上，也就是说，这些观测指标作为一个整体共同决定了理论构建的意义，如果缺少某个观测指标，则对理论构念的估计就是不完整的。两种模型中观测指标对理论构念的作用不同，这就要求研究者针对理论变量类型构建测量模型，并采取合适方法进行模型检验，以确保测量模型的信效度和相关研究结论的正确性。Jarvis 等（2003）区分了两种模型，其判断标准如表 3 - 2 所示。

表 3 - 2 　　　　　　　　　**反映型模型与构成型模型判断标准**

判断标准	反映型测量模型	构成型测量模型
1. 理论构念和观测指标间因果方向	构念→指标	指标→构念
观测指标是否界定理论构念特性	指标反映构念	指标形成构念
观测指标变化是否导致理论构念变化	否	是
理论构念变化是否导致观测指标变化	是	不一定
2. 观测指标的可互换性	可	不可
观测指标是否体现相似内容、共同主题	是	否
删除观测指标是否会改变理论构念的概念范畴	否	是
3. 观测指标间的共变性	有	无
某个观测指标变化是否会伴随其他观测指标的变化	是	不一定
4. 观测指标的理论构建效度	相同	可能不同
观测指标是否应具有相同的前因与结果	是	不一定
5. 模型识别方法	因子分析	多指标多因素模型

分析多维构念时，有必要明确该构念与其各个维度间的关联形式，以便更好地构建与运用多维概念。依据 Law 和 Wong（1999）的研究可知，多维构念与其各维度间存在潜因子（Latent）、合并（Aggregate）和组合（Profile）三种可能的关系模型。（1）潜因子模型表现为各个维度共同体现该多维构念，各个维度是多维构念的不同表现或反映方式，可以认为，与反映型单维构念类似，潜因子型多维构念是其各个维度背后的共同因子，一般采用探索性因子分析（EFA）和验证性因子分析（CFA）来识别和估计该模型。（2）合并模型表现为各个维度组成该多维构念，各个维度是多维构念的不同构成部分，可以认为，与构成型单维构念类似，合并型多维构念是其各个维度的线性函数，一般选取至少 2 个结果变量，通过结构方程模型来识别和估计该多维构念与多个维度间的关系。（3）组合模型表现为各个维度以不同方式进行组合，只有多维构念与各维度之间的关系是明确定义的，即各个维度所代表的特征以具体的方式组合，才能在各个维度得分的基础上计算出该多维构念的整体分值。

第三节　基于扎根理论的企业供应商网络化行为结构探索

一　研究设计和数据来源

扎根理论研究需要广泛深入的信息来源，故采用三角测量法，利用多种数据来源和数据收集技术采集整理资料。主要通过个体深度访谈和焦点小组会议两种方式来收集第一手资料，同时通过网络搜索与收集企业相关网站信息、新闻事件报道以及期刊、报纸、内部档案等二手资料进行补充和验证。为了确保所收集的资料更加真实接近和反映样本企业供应商网络化行为表现，采用理论和目的抽样方法选取样本企业与受访对象，按照分析框架和概念发展的需要抽取具体访谈对象，并运用扎根理论方法分析和提炼实践与现象中的范畴，并通过不断比较与凝练形成企业供应商网络化行为的理论构架，生成最初的测量项目库。需要说明的是，数据收集的同时对多收集到的资料与数据进行解释与分析，不断从数据中提炼概念、范畴进而凝练理论，并用新收集的数据来检验与完善理论。

（一）深度访谈

考虑以下因素选取样本企业：在 2015 年中国制造企业 500 强榜

单中；地理便利性；与项目组有过合作经历；高校在职 MBA、EMBA 所属或引荐单位。最终联络到样本企业中的 32 位相关人员作为访谈对象。他们分别来自不同类型的制造行业和地区，代表不同的视角与观点，由参与供应商管理、与供应商合作的供应商管理人员（50%），研发部门技术人员（18.75%），生产人员（15.63%），中高层管理人员（15.62%）四类人群构成。他们相对熟悉和知晓企业构建与管理供应商网络的实践与状况，能够给出更为多样和专业的见解。访谈样本基本信息如表 3-3 所示，样本企业涉及交通运输设备制造（25%）、家电制造（31.25%）、机械设备制造（18.75%）、电子产品制造（15.63%）、电气设备制造（9.37%）五个制造行业，基本保证了样本的多样性需求。

为提高访谈效率，聚焦访谈内容，在文献阅读和相关变量测量分析的前提下，编制半结构化访谈提纲，并在访谈前通过 E-mail 方式寄给受访者，以便其做好准备，尽量多地列举自己所做的与观察到的行为事例。正式访谈时，访谈者对访谈背景和内容进行简单解释说明，随后进入主题组织深度访谈。访谈提纲见附录 1。访谈提纲主要围绕以下问题展开：（1）对供应商网络是怎么理解的（内涵和功能）？（2）当前供应商网络的状态是什么样的？其形成与发展过程是怎样的？（3）供应商网络形成与发展过程中企业是怎样管理与利用供应商的，请描述具体行为与活动事项。（4）供应商网络运作中是否存在薄弱点或风险需要企业防范，请举例说明。（5）为从供应商网络中获益，企业是否采取一些针对性的管理措施，请举例说明。随着访谈深入，灵活调整访谈问题，围绕捕捉出的概念范畴和细节进行追问，以发掘更深层次的意义。正式的访谈过程共历时 3 个月，每例受访者访谈时间持续 1.5—2 小时，共计约 72 小时。在征得受访者同意下，采取现场录音和笔录两种方式详细记录访谈者的原始语句。在访谈结束后将录音和笔录数据整理成访谈文字记录，并反馈给相应受访者以进一步补充和修正。另外，结合搜集到企业的网站信息、新闻报道等资料与深度访谈的关键事件进行三角证据取证，用于事件佐证和事件比较。

表 3 - 3　　　　　　　　　　访谈样本的基本信息

项目	属性	样本数	百分比（%）	项目	属性	样本数	百分比（%）
性别	男	19	59.38	年龄	33—45 岁	22	68.75
	女	13	40.62		46—53 岁	10	31.25
工作地区	西安	10	31.25	工作单位所属行业类型	交通运输设备制造	8	25.00
	成都	5	15.62		家电制造	10	31.25
	山东	3	9.38		机械设备制造	6	18.75
	上海	6	18.75		电子产品制造	5	15.63
	深圳	8	25.00		电气设备制造	3	9.37
工作职务	供应商管理人员	16	50.00	从事当前职务的工作年限	1 年及以下	2	6.25
	技术人员	6	18.75		1—3 年	8	25.00
	生产人员	5	15.63		3—5 年	10	31.25
	中高层管理人员	5	15.62		5 年以上	12	37.50

（二）焦点小组会议

在深度访谈结束之后，以半结构化方式组织焦点小组会议，访谈时间约 2 小时。焦点小组由 3 名研究团队主要成员以及来自陕西某汽车制造公司、沈阳某家电制造公司和山东某电子设备有限公司的 2 名高管人员、3 名采购与供应部门管理者构成。在对会议背景和内容进行简要介绍后，就个体深度访谈和二手资料得出的企业供应商网络化行为的内涵与表现方式逐一进行深层探讨与真实性检验，进一步发现和补充概念，并就理论饱和性和合理性进行验证。焦点小组会议中采取录音和笔录两种方式记录，并在访谈结束后对收集资料进行整理，形成会议记录与备忘录。

二　范畴挖掘与提炼

在获得相关信息资料之后，随机将信息数据按照 4:1 的比例分成两份，其中 4/5 的信息数据用于逐级编码，其余 1/5 的信息资料用于后续理论饱和度检验。遵循内容分析原则和步骤对所收集的 4/5 的信息资料进行逐级编码，不断提炼企业供应商网络化行为的概念和范畴，并挖掘概念和范畴之间逻辑层次关系，构建相应的理论模型。依据扎根理论方法，信息资料的逐级编码包括开放式编码、主轴编码、选择性编码3个环节。

（一）开放式编码

开放式编码是整合与辨析访谈的最初始资料、逐步提炼归类，界定初始范畴的过程。通过一行一句编码、逐个事件编码分析来指认现象，抽象提炼相应的初始概念，并对初始概念进行比较、聚类以赋予相应范畴。数据收集与开放式编码同步进行，持续迭代。

对原始访谈资料进行开放式编码的具体步骤是：（1）仔细分析原始访谈资料，逐字逐行、逐句逐段标记现象并分析提取初始概念，共定义706个现象，重组并抽取362个初始概念；（2）将经常重复和相关联的初始概念归类到特定范畴中，并发展完整的概念定义这一范畴，最终获得了28个范畴。为了提高研究的信度与效度，尽可能使用受访者的原始语句提炼初始概念，合并对同一现象表达意义的初始概念，剔除表达意义相反或无效的初始概念，并保留重复频率在3次以上的初始概念，最终归纳整理出236个初始概念条目，并按照其相互间的逻辑关系，进一步分类组合为18个范畴。表3-4为初始概念和范畴形成的示例。

表3-4　　　　　　　　　　　　开放式编码结果

范畴	原始记录（初始概念）
更新供应商目录	通过行业展销会与公开招标不断搜寻潜在供应商（寻找潜在供应商）；建立详细、可测量的评价基准，定期评价每一类产品/服务供应商（供应商评价）；依据评价结果对绩效不佳和没有发展潜力的供应商进行淘汰（淘汰不合格供应商）……
供应基合理化	按生产的零部件属性对供应商进行逐层差异化管理（差异化管理）；每种零部件的采购尽可能集中在少数几家供应商（集中采购）；减少并控制总的供应商数量（缩减供应商规模）……
企业—供应商关系开发	主动建立与供应商的合作关系（建立合作关系）；与供应商组建联合研发小组共同承担相关项目（组建研发团队）；与供应商构建良好的信任关系（信任建立）……

范畴	原始记录（初始概念）
供应商—供应商关系开发	定期举办供应商研讨会，促进供应商间面对面沟通（加强供应商间沟通）；要求两个供应商间运作方面的协作（要求供应商协作）；鼓励供应商间相互帮助完成既定目标（鼓励供应商间相互协助）……
关系深化	根据经验持续性地改善合作流程（合作流程改善）；将供应商融入研发制造、采购、销售等各种环节（供应商参与）；投入战略性资源，支持和拓展双方业务（培育长期互惠关系）……
关系适应	为合作做出改变，如在突发情况时改变库存和运输设备（柔性合作）；支持供应商产品开发与生产工艺改进（支持供应商创新）；适当调整生产系统以便更有效率地与供应商进行业务合作（生产配合）……
关系组合	同时与2—3家提供相似或相同产品与服务的供应商建立关系（相似关系组合），并对它们进行捆绑管理（捆绑管理）；某供应商产品质量提升时，企业会要求同一或类似产品的其他供应商向其学习并进行相应改善（要求供应商学习先进者）……
占据结构洞	依据最终产品将供应基划分为多个供应商群体，企业中断不同供应商群体中供应商间的直接互动（创造桥接位置）；传递分属于不同小群体的供应商的信息与资源（信息桥梁）；当与某一供应商群体中供应商中断关系后能找到替代者并建立类似关系，且替代者与另一小群体中原有供应商之间基本没有联系（维系桥接位置）……
关系协调	设立专职管理部门来统筹管理供应商关系（设立专门管理部门）；与供应商合作产生分歧时，会重新评估事实并友好处理（友善处理分歧）；对合作中产生的冲突会做出相应的让步（适当让步）……
关系组合协调	妥善处理供应商与供应商间矛盾（处理供应商间矛盾）；决定供应商间业务协同或重叠的区域（决定业务区域）；协调供应商各方利益（协调各方利益）……
目标校准	明确每个供应商在企业运作与创新活动中承担的职责（明确职责）；定期与供应商就生产计划、技术与市场趋势等进行高层交流，建立共识（达成共识）；对供应商绩效目标达成过程进行监控（目标监控）……

续表

范畴	原始记录（初始概念）
信息获取	建立信息系统实现产品设计与生产进度等信息的实时交流（信息实时交流）；通过电话、传真、网络等社交产品和正式与非正式社会活动获取信息（多途径信息获取）；向供应商获取所需要的技术与市场信息（所需信息获取）……
知识共享	主动共享知识，并激励供应商共享知识，建立知识共享规范（知识共享规范）；搭建信息交流与共享平台及时共享准确信息（信息共享平台）；成立咨询团队，就共享知识对网络成员进行翻译与解答（成立咨询团队）……
业务协调	模块化采购空调压缩机系统（采购模块化）；在不同的合作关系中合理分配企业资源，如依据供应商生产能力变动，合理进行订单调动（合理配置资源）；协调相互衔接模块业务间的配合，促进同模块供应商在竞争基础上的广泛合作（模块业务间协调）……
业务同步化	结合市场需求和整车厂的生产计划调整供应商的生产计划（生产计划同步化）；要求供应商积极配合企业生产流程改进（流程改进同步化）；企业与供应商同时调整业务以应对环境变化（业务调整同步化）……
网络资源识取	识别和获取供应商先进资源与能力（识取供应商资源）；洞察网络中供应商间的依赖关系（洞察网络中供应商间依赖）；搜索供应商的外部网络资源（搜索供应商的网络资源）……
网络资源调动	统筹配置各个供应商知识与技术等资源（资源统筹配置）；组合利用所获取的供应商及其外部网络资源进行业务扩展或技术开发（资源应用）；利用供应商间竞争与合作（利用网络依赖关系）……
网络集成创新	善于利用网络中多样性知识提出新想法（提出新想法）；与供应商群共同激发出许多创意、建设性的讨论（创意讨论）；与供应商群共同创造性地解决新产品开发项目中的技术问题（创造性地解决技术问题）……

注：每段话末尾括号中内容表示对该原始语句进行归纳得到的初始概念。

（二）主轴编码

主轴编码是在开放式编码的基础上，通过持续比较研究各个独立范畴在性质、内容等方面的逻辑关联，更好地发展主范畴。

具体步骤为：对开放式编码中各独立范畴进行类聚分析，并对归类结果进行反复比较和整合，并将各范畴联系起来，最终将 18 个范畴归纳为 8 个主范畴。具体为：更新供应商目录和供应基合理化是企业优化供应基的实践表现，因此把两者联结为主范畴供应基优化；企业—供应商关系和供应商—供应商关系都属于供应商网络中关系，因此把企业—供应商关系开发和供应商—供应商关系开发两个范畴联结为主范畴网络关系开发；关系深化、关系适应是企业—供应商关系优化的两种形式，故将二者联结为主范畴关系优化；关系组合、结构洞都是网络结构典型特征，因此将关系组合和占据结构洞两者联结为主范畴结构优化；关系协调、关系组合协调和目标校准是企业协调网络成员的三种方式，因此将三者联结为主范畴协调机制；信息获取、知识共享是企业处理网络中获得信息的两种行动，因此将两者联结为主范畴信息处理；业务协调和业务同步化是企业与供应商间业务协同的两种方式，因此将两者联结为主范畴业务协同；而网络资源识取、网络资源调动与网络集成创新都与资源的整合紧密相关，因此，将三者联结为主范畴资源整合。主轴编码结果如表 3-5 所示。

表 3-5　　　　　　　　　　　主轴编码结果

主范畴	范畴	范畴内涵
供应基优化	更新供应商目录	积极寻找潜在合格供应商，淘汰不合格供应商
	供应基合理化	设计供应基结构，缩减供应基规模
网络关系开发	企业—供应商关系开发	积极发展与供应商的合作关系
	供应商—供应商关系开发	培育供应商间沟通与协作
关系优化	关系深化	供应商合作关系持续发展
	关系适应	主动调整以配合合作活动的顺利开展
结构优化	关系组合	捆绑管理多个关系
	占据结构洞	从网络视角管理供应商关系占据网络结构洞位置

续表

主范畴	范畴	范畴内涵
协调机制	关系协调	协调与供应商间合作，解决冲突，规范合作
	关系组合协调	制定合作规范，解决供应商间的矛盾
	目标校准	协调供应商网络成员的目标与期望
信息处理	信息获取	通过沟通交流获取供应商产品、技术及市场等重要信息
	知识共享	供应商网络成员间能够共享知识
业务协同	业务协调	努力协调企业与网络中供应商的业务活动，实现良好配合
	业务同步化	企业与网络中供应商同步更改、优化、创造业务活动
资源整合	网络资源识取	对供应商网络资源的识别与获取
	网络资源调动	配置与利用所识别和获取的供应商网络资源
	网络集成创新	集成供应商网络资源进行创新

（三）选择性编码

选择性编码旨在挖掘核心范畴，并寻找核心范畴与各主范畴间的关系，建立核心范畴与主范畴间的故事线，从而发展理论。

具体步骤为：深入分析开放式编码中提取的 18 个初始范畴和主轴编码中提取的 8 个主范畴的内涵与性质，并将各级范畴回归到各个具体的原始资料中进行比较，提炼并发现"企业供应商网络化行为"这一核心范畴。进一步围绕核心范畴搭建理论架构雏形，即进行故事线分析：企业供应商网络化行为由供应商网络开发、供应商网络调适和供应商网络整合三个维度构成，其中供应商网络开发体现企业选择网络成员并设计网络结构，属于构建供应商网络的行为实践，而供应商网络调适和供应商网络整合则关注企业对所形成网络关系与关系组合的进一步管理与利用，三者共同体现了企业供应商网络化行为的多方面表征。主轴范畴的关系结构如表 3-6 所示。

表 3 - 6 主轴范畴的关系结构

二阶范畴	指向性	访谈语句
供应商网络开发	供应基优化→ 供应商网络开发	建设具有国际竞争力的供应商网络作为公司的主要战略之一，其核心是要培养一批不但能力强，而且能够为我所用的供应商
	网络关系开发→ 供应商网络开发	除了构建与供应商间的合作关系，培育供应商间竞争与协作也是我们管理供应商的重点
供应商网络调适	关系优化→ 供应商网络调适	良好协同的供应商合作关系需要企业的不断发展与适应
	结构优化→ 供应商网络调适	企业同时与不同供应商缔结多个联盟以构建关系组合的现象越来越普遍，将多个供应商联结起来，占据不同供应商间结构洞位置或捆绑管理多个相似供应商对于我们获取并整合利用多个供应商资源与能力至关重要
	协调机制→ 供应商网络调适	维持供应商网络稳定运行需要企业的协调管理努力，作为网络发起者和管理者的核心企业承担着管理与控制供应商网络中关系、关系组合、建立网络成员共识等职责
供应商网络整合	信息处理→ 供应商网络整合	供应商网络中存在大量交流与共享的信息，上市速度与产品质量直接取决于对这些信息知识的处理
	业务协同→ 供应商网络整合	产品实现需要企业与供应商间的双向协同，通过模块化采购、搭建交流平台和生产研发共同规划，达到零整协同发展
	资源整合→ 供应商网络整合	供应商网络使企业获得了在复杂产品开发和竞争优势培育方面必要的互补优势，延伸了企业创新资源获取范围，成为应对知识变革和整合创新资源的关键途径

三　理论饱和度检验

采用以下方式进行理论饱和度检验：（1）邀请研究团队成员独立地对随机抽取的 4/5 调查资料的初始概念、主范畴、核心范畴及其逻辑关系进行复查、质疑、增减，再进行集中辩论；（2）采用剩余的 1/5 调查资料再次对理论模型进行验证。结果显示企业供应商网络化行为的解释结构并未发现存在实质分歧的主范畴、核心范畴和逻辑关系，因此可认为企业供应商网络化行为的解释结构基本达到理论饱和。

第四节　企业供应商网络化行为结构的统计分析

基于上述提出的访谈条目，利用定量研究方法探讨企业供应商网络化行为的构成维度和测量。在预测试形成正式调查问卷基础上，利用大样本数据进行探索性因素分析与信效度检验，进一步梳理企业供应商网络化行为的架构，确定最终测量量表。

一　问卷编制与预测试

基于扎根理论中访谈资料编码所得的企业供应商网络化行为条目，提炼受访者所表达的核心含义，充分考虑语句的精确和易理解程度，设计编制初始问卷。选择陕西汽车集团有限责任公司和沈阳三洋空调有限公司中采购、生产制造和研发部门的中高层管理人员为被试者进行访谈，积极听取相关管理人员对企业供应商网络化行为的理解和对问卷设计的建议，并参考课题组专家意见对问卷措辞、题项内容设计与问卷结构进行修正，完善初始问卷，最终得到包含 63 个测量题项的初始测量量表，采用 Liket 5 级量表设计，1—5 得分分别代表被试者对题项内容的认同程度，1 代表符合程度最低，2 代表符合程度较低，3 代表中立意见，4 代表符合程度较高，5 代表符合程度最高。

在进行大样本问卷调查之前需对问卷进行预测试，对初始量表的适用性和可靠性进行分析，并通过项目分析删除可靠性程度低的测量题项，最终形成适用于大样本调查的正式问卷。预测试研究选取陕西汽车集团有限责任公司、深圳富士康科技集团有限公司和上海大众汽车有限公司三家企业中采购、生产制造和研发部门的中高层管理人员及研究供应链与供应商管理方面的教授为被试者，小规模发放初始问卷 100 份，回收有效问卷 83 份，有效回收率达到 83.00%。

项目分析采用极端组法对初始问卷题项的区分度进行检验，以判断各测量项目是否能够鉴别受试者观点的差异。将题项总得分由高到低进行排序，并取 27% 为划分界限，将前 27% 的高分组标注数值设为 1，将后 27% 的低分组标注数值设为 2。依次采用独立样本 Levene 检验和 t 检验来考查高低两组的受试者在各测量题项平均数的差异显著性。只有当两个极端组在某题项得分上存在显著性差异时，且相应 t 值达到显著，才表明该题项具有鉴别度，可以用来作为测量题项。Levene 检验和 t 检验鉴别度的具体标准为：在 Levene 检验中，若 F 值不显著时（$p > 0.05$），即表明两组样本方差相等，应参考"假设方差相等"栏中的 t 检验数据，当 t 值达到显著（$p < 0.05$），则表明题项具有良好鉴别度，相反则表明题项具有较低鉴别度或不具鉴别度，应删除此题项；若 F 值达到显著时（$p < 0.05$），即表明两组样本方差相等，应参考"不假设方差相等"栏中的 t 检验数据，当 t 值达到显著（$p < 0.05$），则表明题项具有良好鉴别度，相反则表明题项具有较低鉴别度或不具鉴别度，应删除此题项。检验结果表明，初始量表中共有 25 个题项鉴别度较差，不能较好区分高低两组受试者观点的差异，予以删除（如表 3 - 7 所示，考虑篇幅原因，仅在表中列出鉴别度差的题项分析结果）。基于此，重新对题项进行编号，形成正式调查问卷，详见附录 2。

表 3-7 独立样本 Levene 检验和 t 检验结果

		方差相等的 Levene 检验		平均数相等的 t 检验					方差的95%置信区间	
		F 值	Sig	t	自由度	Sig.(2-tailed)	平均数差异	标准误差异	下界	上界
V2	假设方差相等	0.08	0.78	1.94	43	0.06	0.54	0.28	-0.02	1.09
	假设方差不相等	—	—	1.94	42.64	0.06	0.54	0.28	-0.02	1.09
V5	假设方差相等	0.03	0.86	1.78	43	0.08	0.45	0.25	-0.06	0.96
	假设方差不相等	—	—	1.79	42.70	0.08	0.45	0.25	-0.06	0.96
V6	假设方差相等	0.28	0.60	1.88	43	0.07	0.46	0.24	-0.03	0.95
	假设方差不相等	—	—	1.90	40.12	0.07	0.46	0.24	-0.03	0.94
V7	假设方差相等	3.46	0.07	1.52	43	0.14	0.47	0.31	-0.16	1.10
	假设方差不相等	—	—	1.53	41.50	0.14	0.47	0.31	-0.15	1.09
V8	假设方差相等	0.95	0.33	1.98	43	0.05	0.51	0.26	-0.01	1.03
	假设方差不相等	—	—	1.99	42.77	0.05	0.51	0.26	-0.01	1.03
V19	假设方差相等	0.01	0.91	1.65	43	0.11	0.48	0.29	-0.11	1.07
	假设方差不相等	—	—	1.65	42.34	0.11	0.48	0.29	-0.11	1.07
V23	假设方差相等	5.41	0.03	0.78	43	0.44	0.22	0.28	-0.35	0.78
	假设方差不相等	—	—	0.78	38.25	0.44	0.22	0.28	-0.34	0.77

续表

		方差相等的 Levene 检验		平均数相等的 t 检验					方差的 95% 置信区间	
		F 值	Sig.	t	自由度	Sig.(2-tailed)	平均差异	标准误差异	下界	上界
V24	假设方差相等	0.11	0.74	1.17	43	0.25	0.32	0.27	-0.23	0.87
	假设方差不相等	—	—	1.18	41.22	0.25	0.32	0.27	-0.23	0.87
V25	假设方差相等	0.19	0.67	1.90	43	0.07	0.57	0.30	-0.04	1.17
	假设方差不相等	—	—	1.90	42.79	0.07	0.57	0.30	-0.04	1.18
V26	假设方差相等	1.96	0.17	1.71	43	0.10	0.40	0.24	-0.07	0.88
	假设方差不相等	—	—	1.70	42.25	0.10	0.40	0.24	-0.07	0.88
V29	假设方差相等	0.37	0.55	-0.13	43	0.90	-0.03	0.24	-0.51	0.45
	假设方差不相等	—	—	-0.13	42.98	0.90	-0.03	0.24	-0.51	0.45
V30	假设方差相等	1.06	0.31	1.93	43	0.06	0.57	0.29	-0.03	1.16
	假设方差不相等	—	—	1.94	41.86	0.06	0.57	0.29	-0.02	1.16
V32	假设方差相等	0.08	0.78	1.52	43	0.14	0.37	0.24	-0.12	0.86
	假设方差不相等	—	—	1.52	39.87	0.14	0.37	0.25	-0.12	0.87
V38	假设方差相等	1.78	0.19	1.30	43	0.20	0.33	0.26	-0.19	0.85
	假设方差不相等	—	—	1.30	42.24	0.20	0.33	0.26	-0.18	0.85

续表

		方差相等的 Levene 检验		平均数相等的 t 检验					方差的 95% 置信区间	
		F 值	Sig.	t	自由度	Sig.(2-tailed)	平均差异	标准误差异	下界	上界
V41	假设方差相等	0.10	0.75	1.69	43	0.10	0.46	0.28	-0.09	1.02
	假设方差不相等	—	—	1.69	42.99	0.10	0.46	0.28	-0.09	1.02
V40	假设方差相等	0.11	0.74	1.61	43	0.11	0.51	0.32	-0.13	1.15
	假设方差不相等	—	—	1.62	43	0.10	0.51	0.32	-0.13	1.15
V43	假设方差相等	1.14	0.29	1.66	43	0.10	0.47	0.29	-0.10	1.05
	假设方差不相等	—	—	1.66	42.97	0.10	0.47	0.29	-0.10	1.05
V47	假设方差相等	1.96	0.17	1.66	43	0.10	0.43	0.26	-0.09	0.96
	假设方差不相等	—	—	1.67	42.17	0.10	0.43	0.26	-0.09	0.96
V49	假设方差相等	6.00	0.02	1.44	43	0.16	0.38	0.26	-0.15	0.91
	假设方差不相等	—	—	1.45	39	0.16	0.38	0.26	-0.15	0.91
V52	假设方差相等	0.14	0.72	1.90	43	0.07	0.50	0.26	-0.03	1.02
	假设方差不相等	—	—	1.90	43	0.07	0.50	0.26	-0.03	1.02
V54	假设方差相等	0.01	0.93	1.87	43	0.07	0.51	0.27	-0.04	1.06
	假设方差不相等	—	—	1.87	42.88	0.07	0.51	0.27	-0.04	1.07

续表

		方差相等的 Levene 检验		平均数相等的 t 检验						方差的 95% 置信区间	
		F 值	Sig.	t	自由度	Sig. (2 - tailed)	平均差异	标准误差异		下界	上界
V60	假设方差相等	9.41	0.004	1.98	43	0.05	0.57	0.29		-0.01	1.15
	假设方差不相等	—	—	2.00	36.70	0.05	0.57	0.28		-0.01	1.15
V63	假设方差相等	1.64	0.21	1.49	43	0.14	0.39	0.26		-0.14	0.91
	假设方差不相等	—	—	1.50	42	0.14	0.39	0.26		-0.13	0.91

二 探索性因子分析

（一）研究设计与数据收集

调研时间为 2015 年 3 月至 9 月。借助研究团队课题项目和导师帮助与推荐，调研样本主要来自西安、重庆、北京、深圳和上海等地共 96 家制造企业，样本企业主要分布在汽车制造、电子产品制造、家电制造等制造行业，企业类型涵盖了国有、民营、股份、合资四大类，调查对象主要为企业内相对了解供应商管理状况、与供应商有密切接触的高管、部门负责人以及技术人员及采购与供应商管理人员。数据收集主要采取两种方式：一是文本问卷发放。对西安、北京、重庆、上海等市区样本企业进行实地调研和深度访谈，面对面就调查问卷涉及的内容与问题进行沟通，现场进行文本问卷的发放与回收，经统计共发放问卷 576 份，回收 467 份，经检查剔除具有较大缺失或大部分雷同的无效问卷，得到有效问卷 442 份。二是 E-mail 问卷发放。对未能实地调研的样本企业，基于电话联系后通过网络发放 E-mail 问卷获取数据，在问卷发放过程中研究团队利用网络通信、电话、E-mail 等方式与调查企业频繁联系，以便及时解答疑惑。经统计共发放 E-mail 问卷 600 份，回收 304 份，经检查剔除无效问卷得到有效问卷 287 份。最终获得有效问卷 729 份，有效回收率达 61.99%，样本概况见表 3-8。企业供应商网络化行为调查问卷总体项目共 40 个，回收的有效样本数远远超过总题项数的 10 倍，满足实证研究对所需有效样本量的前提要求。按照随机均等原则，研究将所收集的有效问卷分为两份，各用于探索性研究分析（365 份）和验证性因子分析（364 份）以检验企业网络化行为测量量表的信度与效度。

表 3-8 　　　　　　　　　　　　样本特征描述

类别	特征	样本数	百分比（%）	类别	特征	样本数	百分比（%）
行业类型	汽车制造	225	30.86	企业规模	100 人以下	65	8.92
	电子产品制造	187	25.65		100—300 人	298	40.88
	家电制造	218	29.90		300—500 人	331	45.40
	其他	99	13.58		500 人以上	35	4.80

续表

类别	特征	样本数	百分比（%）	类别	特征	样本数	百分比（%）
企业性质	国有控股	178	24.42	被试者工作职务	高层管理人员	84	11.52
	民营	192	26.34		中层管理人员	128	17.56
	股份制	158	21.67		采购与供应管理人员	368	50.48
	中外合资	201	27.57		技术与研发人员	149	20.44

（二）一阶探索性因子分析

在项目分析纯化测量题项形成的企业供应商网络化行为正式调查问卷的基础上，利用探索性因子分析删除不符合预期的指标题项并抽取测量题项库的主因子。量表 KMO 值为 0.885，Bartlett 球形检验显著性概率值 $p < 0.001$，显示量表题项之间存在相关性，适合进行因子分析。在探索性因子分析过程中，利用最大方差法对样本数据共进行 4 次共同因子正交旋转处理，剔除 3 个有负向因子载荷和 5 个因子负荷小于 0.5 的题项，最终抽取 8 个共同因子。删除题项后，量表 KMO 值为 0.903，Bartlett 球形检验显著性概率值 $p < 0.001$，表明修正后的量表适合进行因子分析。按照初始特征值大于 1 的标准，采用主成分方法共提取 8 个主因子，累计解释总变异量为 72.481%，能解释企业供应商网络化行为的大部分结构，剩下的 32 个题项清晰地载荷在 8 个因子上，各因子命名及包含题项如表 3 - 9 所示。

因子 1 包含 5 个题项，反映企业对供应商网络中供应商、合作关系及关系组合的协调与控制行为，故将其命名为"协调机制"；因子 2 包含 5 个题项，反映企业有效获取并利用供应商网络资源以创造新知识，强调对供应商网络资源的整合，故将其命名为"资源整合"；因子 3 包含 4 个题项，反映企业积极构建与供应商长期合作关系并促进供应商间互动的行为，故将其命名为"网络关系开发"；因子 4 包含 4 个题项，反映企业适应或持续发展与供应商的合作关系，故将其命名为"关系优化"；因子 5 包含 4 个题项，反映企业通过供应商网络获取和分享信息，强调对供应商网络中信息资源的处理，故将其命名为"信息处理"；因子 6 包含 4 个题项，反映企业调整供应商网络结构，强调对多元关系的捆绑管理以及占据网络结构洞位置，故将其命名为"结构优化"；因子7包含3个题项，反映企业协调自身与供应商间、供应商与供应商间业务活动以完成企业目标，故将其命名为"业务协同"；因子8包含3个题项，表现企业优化供应基成员、规模及结构，故将其命名为"供应基优化"。

表3-9　　　　　　　　　　一阶探索性因子分析结果

测量题项		因子命名							
		协调机制	资源整合	网络关系开发	关系优化	信息处理	结构优化	业务协同	供应基优化
V12	与供应商合作产生分歧时，会重新评估事实并友好处理	0.864	0.007	0.002	0.154	0.037	0.155	0.065	0.073
V15	构建专职部门统筹管理供应商关系	0.856	0.015	0.099	0.143	0.027	0.129	0.012	0.074
V16	定期与供应商达成战略发展、生产规划等共识	0.839	0.050	0.067	0.168	0.032	0.171	0.058	0.109
V14	妥善处理供应商间冲突	0.820	0.053	0.135	0.150	0.057	0.188	0.070	0.066
V13	对供应商绩效目标达成过程进行监控	0.819	0.048	0.064	0.104	0.041	0.166	0.019	-0.020
V31	洞察网络中供应商间的相互依赖关系	0.028	0.842	0.058	0.056	0.158	0.101	0.129	0.043
V30	统筹配置各个供应商知识与技术等资源	0.017	0.823	0.180	0.051	0.206	-0.007	0.163	0.076
V32	识别和获取供应商先进资源与能力	0.025	0.820	0.111	0.042	0.176	-0.006	0.080	0.080
V28	与供应商群共同创造性地解决新产品开发项目中的技术问题	0.039	0.764	-0.006	0.117	0.163	0.075	0.073	0.074
V29	与供应商群共同激发创意与建设性讨论	0.059	0.747	0.130	0.022	0.157	0.079	0.228	0.095

续表

测量题项		因子命名							
		协调机制	资源整合	网络关系开发	关系优化	信息处理	结构优化	业务协同	供应基优化
V4	主动发展与供应商的合作关系	0.151	0.135	0.779	0.079	0.033	0.078	0.031	0.227
V6	定期举办供应商研讨会，促进供应商间面对面沟通	0.009	0.143	0.764	0.024	0.133	0.133	−0.039	0.222
V5	与供应商组建研发团队	0.079	0.098	0.757	0.226	0.006	0.060	0.095	0.037
V7	鼓励供应商间相互帮助完成既定目标	0.091	0.037	0.730	0.116	0.074	0.029	0.120	0.191
V10	根据经验持续性地改善合作流程	0.130	0.114	0.100	0.790	−0.012	0.234	0.146	0.075
V8	会为合作做出适当改变	0.219	0.068	0.075	0.739	0.103	0.282	0.060	0.171
V11	投入战略性资源，支持和拓展双方业务	0.213	0.112	0.110	0.728	0.019	0.213	−0.103	0.134
V9	支持供应商产品开发与生产工艺改进	0.208	0.006	0.213	0.722	0.086	0.114	0.107	0.036
V23	借助信息系统实现供应商网络成员间信息实时交流	0.043	0.163	0.135	−0.010	0.827	0.175	0.048	−0.010
V22	主动共享知识并鼓励供应商共享知识	0.001	0.196	0.073	0.079	0.740	0.042	0.229	0.025
V24	向供应商获取所需要的技术与市场信息	0.079	0.255	0.075	0.062	0.732	0.045	0.223	0.039
V21	成立咨询团队就共享知识对网络成员进行翻译与解答	0.070	0.315	−0.045	0.052	0.666	0.010	0.237	0.102
V19	对相似或相同产品与服务的供应商进行捆绑管理	0.166	0.089	0.032	0.232	0.088	0.761	0.071	−0.020

测量题项		因子命名							
		协调机制	资源整合	网络关系开发	关系优化	信息处理	结构优化	业务协同	供应基优化
V17	依据最终产品将供应基划分为多个供应商群体，中断不同供应商群体中供应商间的直接互动	0.166	0.069	0.218	0.235	0.046	0.757	0.092	0.062
V20	要求同一或类似产品的供应商向优秀供应商学习	0.278	0.016	0.077	0.179	0.013	0.755	0.075	0.059
V18	努力维系桥接位置	0.273	0.064	0.010	0.158	0.161	0.667	0.027	0.214
V25	促进同类模块供应商在竞争基础上的广泛合作	0.026	0.212	0.116	0.066	0.189	0.101	0.842	0.029
V26	结合市场需求和生产计划调整各供应商的生产计划	0.053	0.224	0.085	0.042	0.256	0.099	0.842	0.038
V27	要求供应商积极配合企业业务调整	0.131	0.215	0.021	0.090	0.257	0.052	0.797	0.110
V1	减少并控制总的供应商数量	0.076	0.146	0.227	0.122	-0.022	0.047	0.070	0.844
V2	逐层差异化管理供应商	0.108	0.089	0.203	0.181	0.092	0.107	0.033	0.835
V3	通过行业展销会与公开招标不断搜寻潜在供应商	0.073	0.093	0.224	0.048	0.053	0.086	0.062	0.828
初始特征值		8.891	4.349	2.699	1.811	1.663	1.372	1.279	1.129
解释变异量（%）		27.784	13.590	8.436	5.659	5.197	4.289	3.998	3.528
解释累计变异量（%）		27.784	41.375	49.811	55.469	60.666	64.955	68.953	72.481

（三）二阶探索性因子分析

进一步继续二阶探索性因子分析，结果显示 KMO = 0.784，Bartlett

球形检验显著性概率值 p < 0.001，表明所抽取的八个主因子间存在共享因子的可能性，故进一步进行二阶因子分析。在二阶探索性因子分析过程中，经共同因子正交旋转，抽取特征值大于 1 的因子 3 个，累计解释总变异的 69.058%，旋转后的因子载荷矩阵见表3 – 10。八个一阶因子较好地分布于三个二阶因子中，二阶因子 1 中包括"信息处理"、"业务协同"与"资源整合"三个一阶因子，均表现企业对供应商网络中信息、业务和资源优势的有效整合与利用，故将其命名为"供应商网络整合"；二阶因子 2 中包括"结构优化"、"协调机制"和"关系优化"三个一阶因子，均表现企业对供应商网络进行优化、协调与配置，故将其命名为"供应商网络调适"；二阶因子 3 中包括"供应基优化"和"网络关系开发"两个一阶因子，均表现企业对供应商网络的设计与开发，故将其命名为"供应商网络开发"。

表3 – 10　　　　　　　　二阶探索性因子分析结果

一阶因子	二阶因子命名		
	供应商网络整合	供应商网络调适	供应商网络开发
信息处理	0.841	0.124	0.050
业务协同	0.794	0.168	0.060
资源整合	0.761	0.037	0.265
结构优化	0.173	0.817	0.128
协调机制	0.058	0.808	0.067
关系优化	0.117	0.745	0.302
供应基优化	0.107	0.162	0.837
网络关系开发	0.167	0.192	0.805
初始特征值	3.106	1.418	1.001
因子方差贡献率（%）	38.821	17.722	12.515
累计贡献率（%）	38.821	56.543	69.058

探索性因素分析结果显示，遵照扎根理论流程和要求开发的企业供应商网络化行为构念结构得到初步验证，包含 32 个测量题项的企业供应商网络化行为量表的信度系数为 0.915，这意味着该测量量表

具有良好内部一致性程度。

三 企业供应商网络化行为构念模型分析

构建多维构念时，不仅需要理论基础的支撑还需要进行实证检验。对于企业供应商网络化行为而言，既要有坚实的理论基础来定义企业供应商网络化行为及其维度之间的关系，还要通过规范实证分析来确定企业供应商网络化行为构念的结构。

（一）构念模型判定

基于探索性因子分析结果，可以确定企业供应商网络化行为是包含八个一阶因子和三个二阶因子的多层次多维度构念，其三个二阶维度都是企业供应商网络化行为的不同具体表现，八个一阶维度均是相应二阶维度的不同具体表现，且各维度本身也是不可直接观察的抽象构念，一阶维度都可通过观测指标来测量，综上可认为，企业供应商网络化行为属于潜因子型多维构念，可用各维度背后的公共因子来表示整体构念，其可通过验证性因子分析来识别多维构念与维度之间的关系。依据 Jarvis 等（2003）提出的反映型与构成型测量模型的判断准则，从以下四个方面对企业供应商网络化行为一阶维度测量模型展开分析。（1）理论构念和观测指标间因果方向。各个观测指标均是相应八个一阶维度的具体表现，其因果方向：一阶维度→观测指标，符合反映型测量模型的特性。（2）观测指标的可互换性。各个一阶维度测量模型中观测指标间在本质上是相同且可以互换的，观测指标数量的添加或删减均不会在原理上影响各个一阶维度的概念内涵，因此一阶维度的各个观测指标间具有互换性。（3）观测指标间的共变性。一阶维度测量模型中观测指标间具有较强的内部一致性，存在较强的共变性。（4）观测指标的理论构建效度。一阶维度测量模型中观测指标间具有相同的前因与结果，即表明各个观测指标的前因变量与结果变量的一致性。由此可知，企业供应商网络化行为构念的一阶维度更适合采用反映型测量模型，应采用验证性因子分析进行模型识别及量表信效度检验。

（二）构念模型识别

通过探索性因子分析，在对企业供应商网络化行为的内部结构有了比较清晰的预期后，进一步需要采用验证性因子分析来检验预期，以保证所提炼出的企业供应商网络化行为的因子和测量题项具有良好的稳定性（Anderson et al.，2004）。采用竞争模型方法（alternative models）来验证企业供应商网络化行为多层次多维度结构的合理性。针对剩余的 364 个有效样本数据，利用最大似然法进行验证性因子分析，经设立多个可能存在的竞争模型，并比较各竞争模型与实际数据的拟合程度来判定企业供应商网络化行为结构。

研究共提出五个竞争模型：M1 为 32 个观测指标直接指向企业供应商网络化行为的一阶单因子模型，所有观测指标均反映企业供应商网络化行为；M2 是包含供应基优化等的一阶八因子模型；M3 是包含供应商网络开发、供应商网络调适、供应商网络整合三个潜变量的一阶三因子模型，其中供应商网络开发包含 7 个观测指标，供应商网络调适包含 13 个观测指标，供应商网络整合包含 12 个观测指标；M4 是包含供应基优化等八个一阶因子的二阶单因子模型；M5 是包含八个一阶因子和三个二阶因子的二阶三因子模型，其中二阶因子供应商网络开发解释供应基优化和网络关系开发两个一阶因子，二阶因子供应商网络调适解释关系优化、结构优化和协调机制三个一阶因子，二阶因子供应商网络整合解释信息处理、业务协同和资源整合三个一阶因子。需要说明的是，由于企业供应商网络化行为构念模型只包含三个二阶因子，因此三阶验证性因子分析模型与二阶三因子模型是完全等同的，拟合效果也完全一样，故没有建立三阶单因子竞争模型。这五个模型可以通过审视预期的因子结构是否很好地解释了观测变量的协方差，以及通过分析比较各竞争模型数据拟合来判断哪个模型更优。

验证性因子分析显示，模型 M1 中 32 项企业供应商网络化行为条目的因素负荷量均在 0.4 以上；模型 M2 中，每项行为条目在其对应所属因素供应基优化、网络关系开发、关系优化、结构优化、协调机制、信息处理、业务协同和资源整合的因素负荷量均在 0.6 以上，表示模型 M2 基本拟合良好，且八个因素中，供应基优化与网络关系开发之间的相关系数为 0.547，关系优化、结构优化和协调机制两两之间的相关系数在 0.506—0.674，信息处理、业务协同和资源整合两两之间的相关系数在 0.514—0.577，均达到显著水平，显示供应基优化与网络关系开发两个因素，关系优化、结构优化和协调机制三个因素，信息处理、业务协同和资源整合三个因素分别可能有一个更高阶的共同因素存在，这也为模型 M5 的建立提供了依据；模型 M3 中，每项行为条目在其对应所属二阶因素的载荷量均在0.5 以上，表示模型 M3 基本拟合良好；模型 M4 中，每项行为条目在其对应所属一阶因子的因素负荷量均在 0.6 以上，且八个一阶因子在假设存在二阶因子的因素负荷量分别为：0.620、0.551、0.742、0.576、0.741、0.645、0.614、0.600，表示模型 M4 基本拟合良好；模型 M5 中，每项行为条目在其对应所属一阶因子的因素负荷量均在0.6 以上，且供应基优化、网络关系开发在二阶因子供应商网络开发的因素负荷量分别为：0.689 和 0.794，关系优化、协调机制和结构优化在二阶因子供应商关系管理的因素负荷量分别为：0.819、0.638和 0.829，信息处理、业务协同和资源整合在二阶因子网络组合管理的因素负荷量分别为：0.777、0.726 和 0.719，表示模型 M5 基本拟合理想。

表 3 – 11 呈现了五个竞争模型的拟合情况。在一阶因子模型中，相较于模型 M1 和 M3，模型 M2 的各项拟合指标均优于二者，且除了AGFI 指标略低于 0.900，其余指标均达到理想标准，实证数据与模型M3 的拟合程度较为良好。在二阶因子模型中，各项拟合指标均对比显示 M5 优于 M4，且除了 AGFI 指标略低于 0.900，其余指标基符合模型拟合度的可接受标准，实证数据与模型 M5 的拟合程度较好，这

表 3 – 11 验证性因素分析拟合指标

模型		χ^2 / df	GFI	AGFI	PNFI	PGFI	NFI	RMSEA
一阶因子分析模型	M1	8.079	0.502	0.433	0.410	0.441	0.438	0.140
	M2	1.254	0.917	0.899	0.807	0.757	0.918	0.026
	M3	5.017	0.632	0.579	0.607	0.552	0.654	0.105
二阶因子分析模型	M4	1.500	0.895	0.878	0.825	0.773	0.898	0.037
	M5	1.253	0.914	0.899	0.836	0.784	0.915	0.026
理想结果		介于 1—3	> 0.9	> 0.9	> 0.5	> 0.5	> 0.9	< 0.05

表明企业供应商网络化行为的八个实践行为从属于更高阶的三个层次，企业供应商网络化行为的二阶三因子模型较为合理，这为上述基于扎根理论研究得出结论提供了佐证。综合衡量拟合指标判断标准，模型 M2 和模型 M5 均具有较优的拟合度指数，因此在之后的研究和测量企业供应商网络化行为时，既可采用一阶八因子模型也可采用二阶三因子模型进行分析。

（三）信度与效度检验

以 Cronbach's α 和组合信度（Composite Reliability，CR）等反映内部一致性的参数来判断量表信度。企业供应商网络化行为整体量表的 Cronbach's α 系数为 0.925，表 3 - 12 和表 3 - 13 显示，八个一阶因子的 Cronbach's α 系数居于 0.799—0.922，CR 居于 0.801—0.924，三个二阶因子的 Cronbach's α 系数居于 0.849—0.902，CR 居于 0.710—0.808，均超过了 0.7000 的理想水平，表明企业供应商网络化行为量表的信度良好。

通过内容效度、聚合效度和区分效度来检验量表题项确实能测得潜在构念企业供应商网络化行为的程度。从以下三个方面保证量表的内容效度：（1）清晰定义企业供应商网络化行为构念内涵与本质；（2）严格按照扎根理论这一科学质性研究方法，并通过研究团队重复斟酌获得企业供应商网络化行为测量量表；（3）采用咨询专业专家、预测试等调整和修订量表题项，使题项设定与分布具有较高的合理性。研究采用因素载荷值和平均方差提取（AVE）检验企业供应商网络化行为量表的聚合效度，由 M2 和 M5 的验证性因子分析显示，模型拟合参数值均在理想水平范围之内，因素载荷值大于 0.6 的可接受水平，八个一阶因子的 AVE 值处于 0.504—0.709，三个二阶因子的 AVE 值处于 0.549—0.590，均超过经验判断标准0.5，表明量表具有较好的聚合效度。研究利用 AVE 的平方根与变量之间的相关系数比较的方法检验量表区分效度，由表 3 - 12 和表3 - 13 可知，八个一阶因子和三个二阶因子各自 AVE 值的平方根均大于其与其他因子之间的相关系数，企业供应商网络化行为量表通过区分效度检验。

表 3 - 12

一阶因子的信度和效度检验

一阶因子	1	2	3	4	5	6	7	8
1. 供应基优化	(0.832)	—	—	—	—	—	—	—
2. 网络关系开发	0.463**	(0.743)	—	—	—	—	—	—
3. 关系优化	0.356**	0.387**	(0.758)	—	—	—	—	—
4. 协调机制	0.251**	0.271**	0.447**	(0.842)	—	—	—	—
5. 结构优化	0.303**	0.312**	0.555**	0.488**	(0.738)	—	—	—
6. 信息处理	0.244**	0.320**	0.318**	0.272**	0.356**	(0.710)	—	—
7. 业务协同	0.245**	0.272**	0.327**	0.285**	0.359**	0.487**	(0.840)	—
8. 资源整合	0.303**	0.384**	0.322**	0.206**	0.293**	0.468**	0.454**	(0.771)
均值	4.221	3.493	3.596	3.876	3.883	3.942	4.096	3.819
标准化	0.814	0.772	0.849	0.761	0.860	0.733	0.868	0.839
Cronbach's α 值	0.868	0.830	0.839	0.922	0.824	0.799	0.870	0.878
CR	0.871	0.831	0.843	0.924	0.826	0.801	0.878	0.879

注：** 为 $p < 0.010$；对角线上数值为各因子 AVE 平方根，加括号表示。

表 3 - 13　　　　　　　　　　二阶因子的信度和效度检验

二阶因子	1	2	3	均值	标准差	Cronbach's α 值	CR
1. 供应商网络开发	(0.742)	—	—	3.857	0.678	0.849	0.710
2. 供应商网络调适	0.448 **	(0.768)	—	3.785	0.647	0.902	0.808
3. 供应商网络整合	0.428 **	0.465 **	(0.741)	3.953	0.654	0.887	0.785

注：** 为 $p < 0.010$；对角线上数值为各因子 AVE 平方根，加括号表示。

第五节　研究结果讨论

结合质性与量化研究方法，从实践现象中较为全面地萃取企业供应商网络化行为的概念、结构维度并开发测量量表。整个量表开发严格遵循扎根理论与量表开发程序，依次经过数据收集与整理、逐级编码和理论建立，构建企业供应商网络化行为解释架构并提取初始测量题项，再进一步经过预测试、大样本问卷调查两个阶段，采用探索性因子分析、验证性因子分析和内部一致性等方法检验了问卷效度与信度。

基于扎根理论探索研究与实证研究发现：企业供应商网络化行为是由供应商网络开发、调适和整合三个维度及其细分的供应基优化、网络关系开发、关系优化、协调机制、结构优化、信息处理、业务协同和资源整合八个子维度构成的核心范畴。其中供应商网络开发是用来描述企业积极寻找合作供应商，并开发供应商关系网络等行为，包含供应基优化和网络关系开发两个子维度。有选择地与多个供应商建立合作关系，并管控供应商间的互动方式，是企业构建供应商网络并主动介入其形成过程的重要体现。供应商网络调适是用来描述企业优化供应商网络关系与结构安排、协调网络成员间的目标冲突与矛盾等行为，包含关系优化、结构优化和协调机制三个子维度。在供应商网络运行过程中，企业要扮演协调者角色，持续对网络关系与结构优化，并缓解和处理网络成员间矛盾冲突，为更好地挖掘并有效利用供应商资源与能力提供可能与支撑。供应商网络整合是用来描述企业利用其信息与位置优势整合网络关系与资源的行为，包含信息处理、业务协同和资源整合三个子维度。企业整合性地配置供应商网络中的各种信息、活动与资源，有助于培养网络成员的集体意识，营造共同发挥自身特长的良好氛围。测量量表见表 3 - 14。研究结果为企业供应商网络化行为的后续研究提供有效的测量工具，此外，研究结果也为企业（尤其是拥有大规模供应商群的制造企业）如何开发、治理与利用供应商网络提供有效的可操作化工具。

　　本书研究关注核心企业在供应商网络建立与优化中的主导功能，深入探究企业构建、开发与整合网络的具体做法，理论提出并解构了企业供应商网络化行为构念，不仅为企业网络能力的有效提高提供指导依据，也为后续有关企业供应商网络化行为的前因与结果研究奠定理论基础和测量工具。企业以网络化视角计划和管理供应商及供应商网络活动时，不仅需要优化供应基并集中资源与所选供应商建立合作关系，从而控制供应商网络规模；还需要对供应商网络中存在的企业—供应商关系和关系组合进一步管理，通过不断调整和适应网络关系与结构，从供应商网络中获取并利用价值信息与资源，协同各项业务，从而提升企业与供应商网络的整合水平。

表 3 - 14　　　　　　　企业供应商网络化行为测量量表

构念	维度	子维度	测量题项
企业供应商网络化行为	供应商网络开发	供应基优化	Q1 减少并控制总的供应商数量
			Q2 逐层差异化管理供应商
			Q3 通过行业展销会与公开招标不断搜寻潜在供应商
		网络关系开发	Q4 主动发展与供应商的合作关系
			Q5 定期举办供应商研讨会，促进供应商间面对面沟通
			Q6 与供应商组建研发团队
			Q7 鼓励供应商间相互帮助完成既定目标
	供应商网络调适	结构优化	Q8 对相似或相同产品与服务的供应商进行捆绑管理
			Q9 依据最终产品将供应基划分为多个供应商群体，中断不同供应商群体中供应商间的直接互动
			Q10 要求同一或类似产品的供应商向优秀供应商学习
			Q11 努力维系桥接位置
		关系优化	Q12 根据经验持续性地改善合作流程
			Q13 会为合作做出适当改变
			Q14 投入战略性资源，支持和拓展双方业务
			Q15 支持供应商产品开发与生产工艺改进

续表

构念	维度	子维度	测量题项
企业供应商网络化行为	供应商网络调适	协调机制	Q16 与供应商合作产生分歧时，会重新评估事实并友好处理
			Q17 构建专职部门统筹管理供应商关系
			Q18 定期与供应商达成战略发展、生产规划等共识
			Q19 妥善处理供应商间冲突
			Q20 对供应商绩效目标达成过程进行监控
	供应商网络整合	信息处理	Q21 借助信息系统实现供应商网络成员间信息实时交流
			Q22 主动共享知识并鼓励供应商共享知识
			Q23 向供应商获取所需要的技术与市场信息
			Q24 成立咨询团队就共享知识对网络成员进行翻译与解答
		业务协同	Q25 促进同类模块供应商在竞争基础上的广泛合作
			Q26 结合市场需求和生产计划调整各供应商的生产计划
			Q27 要求供应商积极配合企业业务调整
		资源整合	Q28 洞察网络中供应商间的相互依赖关系
			Q29 统筹配置各个供应商知识与技术等资源
			Q30 识别和获取供应商先进资源与能力
			Q31 与供应商群共同创造性地解决新产品开发项目中的技术问题
			Q32 与供应商群共同激发创意与建设性讨论

第四章　概念模型与假设

创新性是企业评价创新型供应商的重要依据。创新型供应商具有技术能力强、创新倾向高和积极参与合作企业创新研发项目并协同工作等特征，有效利用其创新性能显著促进企业创新的实现。但实践显示，与创新型供应商建立合作并不一定能有效利用其创新性。究其原因，对供应商创新性的依赖使企业很可能面临因供应商机会主义行为（如蓄意阻挠）产生的资源困境，阻碍企业创新的实现（Schiele et al.，2011；Schiele and Vos，2015）。这就迫切需要探明企业供应商创新性利用的有效途径。资源基础观认为，持久竞争力的来源是企业所占据或拥有独特价值性资源，供应商创新性是企业可整合利用的外部潜在重要资源，只有将供应商创新性转化为实实在在的供应商对买方企业创新做出的贡献（supplier's contribution to buyer innovation），企业才能在激烈的市场竞争中立足。供应商创新贡献已成为企业衡量供应商创新性有效利用的关键指标。

另外，网络条件下供应商并非孤立存在，企业与供应商二元关系已扩展到网络关系，供应商创新性及其转化为创新贡献的过程势必会受到其所嵌入供应商网络的影响。借助供应商网络，企业可以通过学习和创新、声誉和地位的获得来配置和调动网络中供应商的关键资源，提高整合供应商创新的效率和效果。但现实中供应商网络并非总能产生企业期望的网络效益，因物料供给关系形成的供应商网络中，网络成员间的目标冲突及各自对于风险的担忧，影响网络成员之间的长期投入与合作（李维安等，2016）。已有研究指出，企业处于供应商网络的关键结点，具有网络构建与治理功能，能够引导供应商间形成互动和整体网络的演进方向（刘友金和罗发友，2005），在维护网络持续、稳定运行中发挥关键角色。且以创新为导向的企业与供应商间合作关系必须得到合理控制，既不能太禁锢又不能太松散（Clauss and Spieth，2016）。因此，构建恰当的供应商网络，处理好其与供应商以及供应商与供应商之间的相互依赖关系，定能帮助企业更好地利用供应商创新性。

在探明企业供应商网络化行为内涵与构成维度（第三章）的基础上，本章主要探讨企业供应商网络化行为对供应商创新性利用的影响。首先，理解供应商创新性利用，阐明供应商创新性利用效应，并分析提出促进供应商创新性利用效应实现的两种方式。其次，依据社会资本理论，借助"网络嵌入→可获取性→动员"社会网络研究框架，构建企业供应商网络化行为对供应商创新性利用的影响关系模型，探究并揭示企业供应商网络化行为影响供应商创新性利用的作用路径。最后，基于理论分析提出概念模型，并转化为相关研究假设。

第一节　概念模型构建

一　供应商创新性利用分析

供应商创新性作为供应商所具备的创新特质，既反映供应商自身的技术能力与创新倾向，又反映其对买方企业创新做贡献的意愿。较强的技术能力与创新倾向往往能够推动供应商内部持续快速地产生创新，从而使供应商有能力为企业提供先进零部件与技术；而其对买方企业创新做贡献的意愿又是决定供应商是否为企业创新进行投资的关键因素。缺乏技术能力与创新倾向，供应商就不能持续创新；缺乏对企业创新做贡献的意愿，供应商就不会为企业创新提供支持。供应商创新性是供应商能够产生创新的重要资源和特质，也是决定供应商为企业创新做贡献（简称"供应商创新贡献"）的重要前提与基础。

企业利用供应商创新性分为直接的供应商创新成果获取与创新型供应商参与两种模式。（1）供应商创新成果获取，是指企业通过采购方式获得所需的先进零部件或子系统，先进零部件或子系统的交付体现了由供应商产生的创新成果向企业的直接转移（Pihlajamaa et al.，2017；Wagner，2009）。（2）创新型供应商参与，是指创新型供应商积极参与到企业产品研发过程中并与企业协同工作，这一过程中形成了双方显性和复杂隐性知识的共享与转移，尤其是创新型供应商积极主动地将新颖想法、先进知识技术与能力融入企业的新产品开发中（Akhavan et al.，2018；Yeniyurt et al.，2014）。对于企业而言，无论是供应商交付创新成果，还是协同工作、分享创新资源，都体现了供应商创新性向供应商创新贡献的转化（见图4-1）。这意味着只有当供应商创新性转化为供应商创新贡献，才可认为供应商创新性得到有效利用，即实现了供应商创新性利用效应。

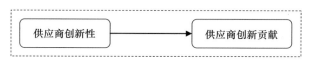

图4-1 供应商创新性利用

由上可以发现，企业利用供应商创新性的最根本目的是获得供应商创新贡献，供应商创新贡献成为企业衡量供应商创新性有效利用的关键指标。供应商创新性利用效应的实现在很大程度上是由供应商自身的创新性水平与供应商创新性向供应商创新贡献的转化效率所决定的。因此，为促进供应商创新性的有效利用，企业可采取以下两种方式：（1）通过增强供应商创新性来增加供应商创新贡献；（2）直接提高供应商创新性向供应商创新贡献的转化效率。从增强供应商创新性和提高供应商创新性向供应商创新贡献转化效率两个角度，研究企业供应商网络化行为对供应商创新性利用的影响有助于更好地解释其内部规律。

二 企业供应商网络化行为对供应商创新性利用影响的理论分析

在理解供应商创新性利用的基础上，有必要进一步探析企业如何获取并最大化实现供应商创新性所能给企业创新带来的贡献与价值。

受供应链网络化发展的影响，企业—供应商关系已扩展到网络关系，自身选择、二元情境下企业要求与互动质量和供应商网络共同决定了供应商的行为（李随成等，2014）。为提高供应商创新性利用效应，需要将供应商创新性利用置于供应商网络情境中，这是因为网络视角有助于企业从整体考虑网络中关系与关系间的相互依赖性对供应商创新性利用的影响。

供应商创新性作为企业可获取的外部社会资本，是企业创新迫切需要动员的关键资源，社会资本理论在分析网络情境下的供应商创新性利用中具有重要作用。社会资本理论强调企业如何通过投资网络形成和扩展社会资本，以及如何获取和使用社会资本以产生回报（Inkpen and Tsang，2005；林南，2005）。社会资本是存在于一种社会结构中的可以在有目的的行动中摄取或动员的现实和潜在资源，它的生产和再生产均来源于网络成员对交互活动的不间断努力（张文宏，2003）。社会网络和关系会促进或制约行动者对社会资本的获取和使用，但行动者的行为选择也可创造机会或改变约束。Lin（1999）在对社会资本的研究中构建了社会资本理论模型，该模型包含三组存在因果关系的核心变量：（1）社会资本中的投资，是企业为构建和维持社会资本进行的投资活动，代表社会资本形成的先决条件；（2）对社会资本的获取和动员，代表嵌入性资源的可获取和对这些资源的实际运用；（3）社会资本的回报，代表实际动员嵌入性资源可能产生的结果产出。Koufteros 等（2007）将 Lin（1999）的社会资本理论模型应用到产品开发中整合供应商研究领域，提出了"网络嵌入→可获取性→动员→回报"的社会网络研究框架。在该研究框架中，网络嵌入是社会资源可获取和动员的前提与基础，可获取的社会资源促进或约束了行动者的选择与动员行动，而社会资本的有效利用又能为行动者产生回报。社会网络研究框架为解释企业如何获取并动员供应商创新性以增加回报提供重要理论基础。借助这一社会网络资源动员分析框架，构建网络视角下的供应商创新性利用的研究框架，如图 4 - 2 所示。

企业创新的实现源于创新想法的产生与创新资源的支持，供应商创新性作为供应商为企业提供创意和创新资源的基础与动力，是企业

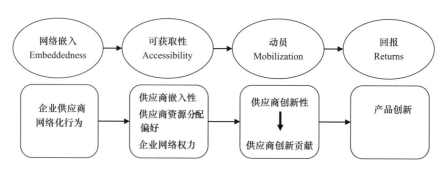

图 4 - 2　网络观点

创新迫切需要动员的网络中的关键社会资本，只有在新产品研发活动中动员供应商创新性并整合供应商创新贡献才能有效扩充企业自身资源和技能，促进产品创新的出现。因此，供应商创新性转化为供应商创新贡献可被视为供应商创新性的动员过程，供应商创新性利用效应是企业动员网络中供应商创新性的重要体现。社会资本理论遵循"动员→回报"的研究范式，但考虑到现有国内外文献已经证实供应商创新性利用能有效促进企业产品创新的实现，如 Azadegan 和 Dooley（2010）实证证实供应商创新性和企业与供应商间学习方式的适配有助于提升企业的产品开发绩效；Bengtsson 等（2013）认为企业识别、吸收和利用供应商知识对其产品创新至关重要，并证实企业知识整合能力在利用供应商创新性实现企业产品创新中发挥关键作用；李随成等（2013）聚焦网络结构在集成供应商创新性实现产品创新中的重要作用，实证发现供应商创新性对企业产品创新绩效的提升具有显著的推动作用，而恰当的网络结构将促进这一影响关系。因此本书不再关注供应商创新性利用对企业实现产品创新的作用，而将供应商创新性利用（即供应商创新性→供应商创新贡献）视为结果变量，侧重从网络嵌入和社会资本可获取性方面探究如何促进供应商创新性的有效利用。

社会资本产生于行动者间持续性的关系网络，能够接触和获取丰富社会资本的行动者，其动员好的社会资本的可能性就大。企业与供应商均嵌入供应商网络中，可获取性反映行动者获取网络中社会资本的可能性，其主要源于两大方面：（1）行动者（包含企业和供应商）

个体的网络结构特征；（2）企业与掌控关键资源的供应商间关系特征。网络结构与关系暗含着结构性机会与互动优势的存在，分析个体网络结构特征和双方关系特征为理解社会资本可获取性提供了更加可靠的思路。从个体网络结构特征分析，供应商在供应商网络中的嵌入性（简称"供应商嵌入性"）作为刻画供应商与网络中其他成员企业间关系的结构特征，特别是供应商与企业及其他供应商间的联结程度与方式，能较好地反映供应商因嵌入网络而形成的接触和获得网络资源的潜力，对促进供应商创新、增强供应商创新性至关重要；企业在供应商网络中占据核心位置，其核心位置不仅可以带来"接近"网络资源的优势，更重要的是为企业带来基于从属关系对网络成员行为的影响力和控制力，从而对网络资源进行收集和处理，这意味着供应商网络中企业核心位置所体现出的"可获取性"更多或更重要的是通过网络权力来发挥作用的，因此选取企业网络权力作为反映企业"可获取性"的变量更为精准。企业网络权力是指网络交换和协调过程中企业对供应商行为的控制力和影响力（孙国强等，2014），在很大程度上能引导供应商共享其先进知识与资源，因而具备网络权力的核心企业往往具有较大的网络资源获取能力。而从企业与供应商关系特征分析，供应商对企业的资源分配偏好（简称"供应商资源分配偏好"）作为供应商将企业视为优先客户的心理倾向，不仅代表着企业拥有获取供应商更多、更好和更新资源的机会，还体现了企业具有比竞争对手优先获得供应商资源的资格，是决定企业能否有效获得供应商优势资源的关键要素。综上，供应商嵌入性、企业网络权力和供应商资源分配偏好能较好地反映企业和供应商各自获取网络资源的机会与潜力，是评价社会资本可获取性的重要依据。同时，现有研究已普遍证实，网络结构资本又能显著促进关系资本的实现（Roden and Lawson，2014），故本书也将进一步检验供应商嵌入性和企业网络权力对供应商资源分配偏好的影响作用。

网络结构与关系特征是核心企业精心设计的结果。企业供应商网络化行为表现为企业为嵌入供应商网络所开展的一系列构建并协调网络中复杂关系的行为，它能够通过积极构建并治理网络动员网络中成员与关系资源，调整供应商行为规范，促进供应商间信任和合作规则的建立，从而促使企业与众多供应商间互动从随意、临时、无关联的非网络状态转向有序、相对稳定、相互依赖的网络状态，这将更易于企业获取并利用嵌入网络中的互补性资源与能力。因此可以认为，企业供应商网络化行为实质上是企业网络嵌入的过程。

　　基于以上理论与推理分析，本书认为企业供应商网络化行为会通过设计形成、调整企业在网络中的权力大小、供应商的嵌入程度以及资源分配行为倾向影响供应商创新性利用。其中，企业供应商网络化行为通过设计供应商嵌入性来增强供应商创新性，进而促进供应商创新贡献；企业供应商网络化行为通过提升企业网络权力和供应商资源分配偏好一方面促进供应商创新性向供应商创新贡献转化，企业网络权力和供应商资源分配偏好发挥调节作用；另一方面还可以直接促进供应商创新贡献。另外，企业供应商网络化行为还可通过增强供应商嵌入性和企业网络权力，获得供应商偏好对待，进而推动供应商创新性向供应商创新贡献有效转化。综上所述，构建和提出研究的概念模型，如图 4-3 所示。

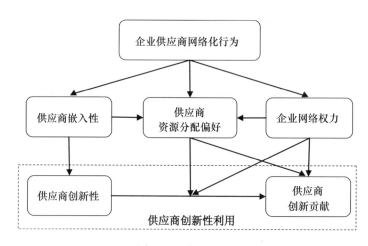

图 4-3　概念模型

第二节　相关概念说明

　　因研究视角与研究需要不同，已有文献对本书中的关键概念界定有所差异。为消除理解上的歧义，需要对每个关键概念进行清晰界定。

一　供应商创新性

创新性概念源自个体层面创新推广的研究，是指个体相对其他个体采取新思想、实施创造性方案的相对能力与倾向性。伴随研究发展，将组织视为创新单元的组织创新性研究逐渐增多，尤其是在管理与营销领域受到了广泛关注（Zehir et al., 2012；Tsai and Yang, 2013；Seo et al., 2014）。供应商创新性来源于组织创新性概念，最初是指供应商相对于其他竞争对手采取新思想、实施创造性方案的能力与倾向（张国良和陈宏民，2007）。随着开放式创新模式的推广，开放式创新思想对供应商价值和创新潜力的强调促使企业逐渐加强对创新型供应商的重视与管理，供应商创新性研究逐渐跨越组织边界向企业—供应商关系渗透，其内涵也相应扩展。供应商创新性不仅体现在其能提供先进的产品和技术，还体现在其能通过与企业间互动有效促进双方合作创新项目的成功。因此，从企业视角理解供应商创新性应包含两方面含义：（1）供应商作为独立组织，创新性体现在其较强的技术能力和创新倾向，能持续快速推出新产品与新服务；（2）供应商作为企业重要合作伙伴，创新性还体现在合作关系中供应商对买方企业创新做贡献的意愿，对于支持和促进企业产品创新成功尤为关键。

基于此，供应商创新性可理解为供应商具备的创新特质，具体表现在其个体拥有的技术能力、创新倾向和在合作关系中对买方企业创新做贡献的意愿。

二　供应商创新贡献

随着商业环境的复杂化与动态化，企业日益依赖供应商获取竞争优势，供应商对企业运作与创新需求的实现程度，即供应商绩效（supplier performance），已成为影响企业能否更好地满足市场与个性化客户需求的关键。针对供应商绩效的研究，学术界主要基于供应商与企业两种不同视角展开。基于供应商视角，供应商绩效是一定经营期间内供应商自身产出的效益与结果，是其自身竞争力的重要体现，也是企业认知供应商潜力、选择供应商的依据（Mohammady Garfamy，2011）；而基于企业视角，供应商绩效是供应商对企业需求的实现程度，它表现为合作过程中供应商在产品质量、成本、交付及创新等方面的产出效果（Wu et al.，2010），既是企业评价与管理供应商的主要依据，也是供应商对企业所做贡献的重要体现。因此，买方企业视角的供应商绩效基本反映了供应商贡献概念。

供应商创新贡献是指合作过程中供应商做出的关于企业创新方面的贡献，着重于强调供应商能够帮助企业改善创新的效率和效果，主要包含为企业提供其所需的先进零部件、知识和技术，或者通过双方优势互补与互动提升企业创新绩效（Pulles et al.，2014）。通过梳理已有研究发现，由于供应商创新性与供应商创新贡献概念较为接近，现有研究存在普遍混淆现象（Azadegan et al.，2008），但二者是有差别的，前者侧重于供应商技术能力、创新倾向及其服务于买方企业创新的意愿等，是企业评价创新型供应商的依据，也是供应商针对企业需要做出创新贡献的前提；而后者则主要体现企业整合供应商创新资源及合作意愿的结果，即供应商对企业创新及产品竞争力所做出的有益帮助，包含提供企业所需先进零部件、基础设施、技术等资源，还涉及其在企业产品创新中提供的咨询、创意与帮助。据此，研究将供应商创新贡献作为衡量企业是否有效利用供应商创新性的关键指标。

三　供应商嵌入性

网络嵌入性（network embeddedness）是社会经济学的一个核心概念，是指经济活动在持续的社会关系模式中的情景（Granovetter，1985）。随着社会网络理论逐渐渗透到企业网络领域，网络嵌入性作为社会网络分析的基本工具，引起了广泛的学术关注（Uzzi，1996；1997）。网络嵌入能够为行动者提供资本、信息等稀缺资源，并通过网络关系产生的独特机会进而影响行动者的经济行为，即企业经济活动是在网络内的互动过程中做出决定的。依据网络嵌入性理论，社会网络主要以三种嵌入的方式影响企业的经济活动与结果（Granovetter，1985；Zukin and DiMaggio，1990）：一是结构嵌入性，重视网络整体形态与企业网络位置；二是关系嵌入性，重视网络成员间二元关系的结构与特征，表现为网络成员间二元关系的凝聚力水平；三是认知嵌入性，关注网络成员认知和信仰间的一致性水平，表现为网络成员对网络发展与变化的一致认知。

供应商是嵌入在企业主导形成的供应商网络中的，供应商在企业供应商网络中的嵌入性（简称"供应商嵌入性"）使供应商更易通过网络关系获得资源，并促进供应商与企业互利合作和共同解决问题。依据社会网络嵌入框架，可从结构嵌入性、关系嵌入性和认知嵌入性三方面理解供应商在供应商网络中的嵌入水平。（1）供应商结构嵌入性是指供应商在供应商网络中对企业和其他企业供应商的依赖状态，它表现为供应商在供应商网络中的位置（即网络位置）以及这个位置周围建立的网络联系结构（即网络形态）（Choi and Kim，2008）。相对于网络形态来讲，网络位置强调成员个体的网络属性，反映了个体对网络资源的获取潜力，有助于更好地指导供应商提升其创新性并实施企业供应商开发实践（李娜等，2015）。因而，研究将通过分析供应商在企业供应商网络中的位置来衡量供应商结构嵌入性。（2）供应商关系嵌入性是指供应商网络中供应商所嵌入二元关系结构和特征的刻画，主要通过关系强度体现。Granovetter（1983）提出关系强度的四维度模型，包括互动频率、情感强度、亲密程度和互惠交换。不同强度关系情境下，双方间知识、信息等资源的传播和共享效率存在差异，且信任水平也有所不同。在供应商网络中，供应商所嵌入的关系包括企业—供应商关系和供应商—供应商关系，但供应商间互动关系的建立及其类型取决于企业战略要求（Wu et al.，2010）。因此，研究将通过分析企业—供应商和供应商—供应商关系强弱程度来衡量供应商关系嵌入性。（3）供应商认知嵌入性强调供应商认知受到供应商网络影响，表现在供应商与网络中成员（尤其是核心企业）在目标、互利合作方面的一致性。受供应商网络影响所形成的供应商认知框架会促使供应商产生不同程度的机会主义行为。当供应商与企业间建立一致性的目标和互利合作价值规范时，会降低供应商为追求利益最大化而产生的机会主义行为和自我保护意识，从而促进供应商在信任不佳情况下分享知识与技能（Lin et al.，2009）。

据此，分析供应商与企业间认知一致性水平来衡量供应商的认知嵌入。综上，通过考察供应商在企业供应商网络中的位置、与供应商网络中其他行动者关系强度以及认知一致性来刻画供应商嵌入性。

四　企业网络权力

权力涉及企图影响他人者（即主体）和被影响者（即客体）两方。所谓网络权力是内嵌于社会网络中的个体拥有控制和影响他人的权力，起源于社会学领域的人际网络研究，并逐渐扩展到企业网络领域。在对网络权力的理解方面，现有研究主要从关系观、能力观和依赖观三种视角展开（孙国强等，2014）。关系观以 Wu 和 Choi（2005）、Bastl 等（2013）、Kähkönen（2014）为代表，强调网络权力来源于个体在社会网络中所处的网络位置，是一种关系和结构属性，且不因占据这一关系和结构属性的个体差异而有所不同。能力观以 Bridge（1997）、Giddens（1998）为代表，将网络权力视为社会网络中个体对其他个体产生预期或预见效果的能力，强调权力是权力主体的属性，能够对一系列事件进行干预以改变事态进程。依赖观以 Pfeffer 和 Salancik（1978）、Meehan 和 Wright（2011）、Finne 等（2015）为代表，强调网络权力的本质是资源匮乏者对资源丰富者的依赖关系，而这种依赖关系的产生，其根源是资源丰富者对资源匮乏者所需关键资源的控制。

企业网络权力是一个复杂概念，是指特定网络中因结构非均衡性、资源依赖不对称性而产生的企业在网络交换过程中影响和控制其他成员战略选择与行为决策以实现自身愿望、满足自身利益需求的能力（Olsen et al.，2014）。按照这一定义，企业网络权力的概念包含三种成分：（1）权力是企业在网络交换中所形成的，其跨越企业组织边界，源于企业网络的非均衡性特征；（2）网络权力只有相对于其他网络成员才能存在，离开网络成员就失去了权力存在的基础；（3）基于不同作用形式，网络权力表现为控制力和影响力。供应商网络作为由企业与供应商通过物料供应联结形成的网络组织，相互依赖是网络成员间的基本属性，这意味着网络中合作在很大程度上受权力结构的影响和修正。在供应商网络中，网络权力往往是不对称的，核心企业往往扮演着控制和配置网络资源的"操盘手"，更大程度地动员和支配网络中供应商的行为选择，推进网络成员间的相互适应与融合（Moynihan，2009）。因此，研究将分析企业网络权力对供应商创新性利用的影响作用。

五　供应商资源分配偏好

面对自身有限资源和日益激烈的竞争环境，为了生存与发展，企业需要有效整合外部供应商资源尤其是稀缺的关键资源。随着供应商同时向多个企业进行供应现象日益普遍，讨价还价权力正逐渐向供应商转移，供应商会优先向更有利于自身能力和绩效提升的企业共享创新，这种逆向选择可能对其他企业与供应商间合作效果产生负面影响。供应商资源竞争（supplier resource conpetition）已成为采购与营销管理领域的热点问题（Pulles，2014）。综观现有文献，越来越多的学者开始关注企业对供应商优势资源的竞争，如 Kovacs 等（2008）、Ellegaard（2012）与 Hald（2012）指出，客户吸引力是企业成功获取供应商资源的关键前因。而 Essig 和 Amann（2009）、Ramsay 和 Wagner（2009）基于供应商视角认为，供应商满意与供应商资源分享意愿密切相关。Hunt 和 Davis（2012）认为，供应管理实践可以为企业创造相对于竞争对手的资源优势。Ellram 等（2013）围绕要素市场竞争，揭示供应商资源竞争对企业供应管理绩效的积极影响作用。Hüttinger（2014）依据社会交换理论将优先客户地位（preferred customer status）视为供应商对企业互惠行为、传递价值活动的回报，获得优先客户地位的企业会得到供应商的偏好对待。

Steinle 和 Schiele（2008）认为供应商资源分配偏好是指供应商在资源分配方面对特定企业特权对待的心理与行为倾向，除了表现为供应商愿意将其优势资源提供给企业外，更强调相对其他客户尤其是企业的竞争对手，供应商会优先向企业提供更好的资源。占据偏好的企业能够得到供应商最好的人力、物力和财力支持，并促使供应商自发依据企业需求定制产品、提供专用性创新，更甚者达成排他协议，即便当企业遭遇生产瓶颈时，供应商也能确保企业享有特权对待（Ellis et al.，2012；Schiele and Vos，2015）。因此，供应商资源分配偏好可被视为企业能够优先获得该供应商优势资源与帮助的重要前提，本书中特指供应商网络中创新型供应商优先将其关键资源分配给企业的心理与行为倾向，由于资源的接受者是企业，因而可从企业视角感知该供应商在资源分配方面对企业的偏好程度。

第三节 研究假设提出

一 供应商创新性利用效应

作为企业—供应商关系中能够产生关系租金的供应商关系专用性投资和互补性资源，供应商创新性是供应商对企业创新做出贡献的决定因素（王玮等，2015）。

首先，创新型供应商具备的先进技术、创新倾向等有价值资源是供应商自主创新背后的推动力，能有效扩充企业的创新资源池（Pulles et al.，2014）。借助创新型供应商的先进技术、创意及其提供的复杂和富有创造力的新产品能够显著提升企业的创新能力，扩充企业知识储备，提高企业创新绩效。禹文钢和李随成（2016）认为，以知识管理和协作能力为特征的创新型供应商是其对制造企业提供创新贡献的基本保证。Laamanen（2005）认为，高强度的新产品开发活动加强了供应商产品技术深度与广度，极大地增加了供应商创新做贡献的可能性。

其次，供应商创新性除体现供应商的技术能力与创新倾向，还强调合作关系中供应商为客户企业产品与技术创新做出贡献的意愿。依据计划/理性行为理论，供应商为企业做出贡献的主观意愿是供应商共享创意、协同企业创新等贡献行动的驱动力，它能够促进供应商针对企业创新需要提供咨询、创意与帮助。可以认为创新性越强的供应商，其对与企业协同创新的态度与意愿更为强烈，更易提供企业产品创新所需要的帮助。Pulles 等（2014）指出，虽然不依靠供应商的积极合作态度，供应商专业化、研发投入和专用性等体现供应商创新性的技术特征能够有效提升供应商对买方创新的贡献水平，但在积极的供应商合作态度的情境下，这种促进作用能够得到有效增强。Von Corswant 和 Tunälv（2002）研究发现，相比于其他供应商，具有合作意愿的供应商更积极主动地参与企业的研发项目，并承担部分项目的开发任务。基于以上分析，提出研究假设：

H_1：供应商创新性对供应商创新贡献有正向影响。

二　企业供应商网络化行为、供应商嵌入性与供应商创新性

（一）企业供应商网络化行为与供应商嵌入性

企业主导供应商网络形成并占据核心位置，是供应商网络的"规划者"与"守门者"。前期研究显示，企业供应商网络化行为是企业积极介入供应商网络形成与发展并利用网络关系的一系列行为实践，主要由供应商网络开发、调适和整合行为构成，旨在维持供应商网络的稳定与有效运行，从而调动供应商的主动性并有效整合网络中的关键资源。伴随着企业供应商网络化过程，供应商嵌入供应商网络中，主动或被动地与其他网络成员形成不同形式的互动关系，企业对供应商的网络嵌入水平具有决定性作用。

首先，供应商网络开发是指企业识别并选择正确合作供应商，构建以企业为核心的供应商网络等行为。企业会优选建立合作关系的供应商，减少网络中不必要的联结，并促进供应商间的互动，从而构建一个资源丰富且精益的供应商网络。借助企业供应商网络开发行为，供应商嵌入供应商网络中，并与企业和网络中其他供应商形成不同形式的关系，一方面，资源丰富的供应商网络更易受到供应商的认可，供应商更愿意参与并深度嵌入网络中，增加了网络关系的持续性；另一方面，精益的供应商网络剔除了网络中不必要的供应商，使企业与数量有限的供应商建立范围更广、层次更深的长期合作（Cousins，1999），并提升了网络成员间互动联结的紧密度，为网络成员间的沟通与交流提供了更多机会，提高供应商对企业行为决策的理解程度。同时，企业对供应基结构的设计与优化也意味着企业对供应商的网络位置有决定性作用。Wu和Choi（2005）分析案例企业Hands-off的供应商网络管理模式发现，S1作为供应商网络中实力较强的专业供应商，位于核心企业与一般供应商之间并承担管理和配置剩余13个供应商网络成员间互动与协调的职责，在网络中占据仅次于核心企业的关键位置。

其次，供应商网络调适是指企业在供应商网络的动态演化过程中，主动适应、协调或塑造动态合作关系、关系组合和整体网络，对

网络关系、网络结构及网络成员一致认知进行控制与调整。首先，通过增加关系资源的投资等行为对供应商合作关系进行优化与改善，有助于形成双方间更好的信任、可靠性和紧密互动，加深企业与供应商间的合作程度。其次，捆绑管理多元关系的行为能够帮助企业充分开发并动员供应商的潜力与积极性，除了使其更好地参与企业采购或产品开发项目提升关系质量外，还能促进供应商间竞争与协作互动关系的形成，从而提升供应商在供应商网络中的中心度。此外，凭借有效协调网络成员间矛盾与目标，形成网络成员之间正确的学习与知识共享机制，这有助于网络成员之间资源获取和知识共享，减少沟通障碍，达成较高的目标一致性，增强网络成员共识、防止潜在竞争和搭便车行为（free-riding behavior）。

最后，供应商网络整合是企业对所建立供应商网络中信息、业务和资源的有效集成与利用。供应商网络中信息、业务与资源的有效整合能够增强供应商在供应商网络中的嵌入水平。究其原因，一是信息与资源的频繁获取与共享，有助于实现企业与供应商间的信息对称和资源共用，促使网络成员共同探索和利用市场机会，从而深化企业与供应商、供应商与供应商间的协作与互动，建立网络成员间认知的一致性。二是供应商网络中业务协同能有效提升整个供应商网络的运作效率，而高效的合作经历与结果又是维持长期合作关系与提升网络稳定性的关键前因，因而使供应商更愿意维系或强化与网络成员间的互动联结及其网络位置，从而不断从供应商网络中获益。基于以上分析，提出研究假设：

H₂：企业供应商网络化行为对供应商嵌入性有正向影响。

（二）供应商嵌入性与供应商创新性

供应商嵌入性代表供应商嵌入企业供应商网络的程度，反映供应商从该网络中获取知识、信息和其他资源的机会和能力（Gnyawali and Madhavan，2001），为供应商提供直接或间接地从网络中其他成员和核心企业处学习新知识的机会，增加其整合内外部资源并加以利用来实现创新的可能性（Tsai，2001）。因此，这些由供应商嵌入性带来的资源与优势均有助于提升自身创新性。Arya 和 Lin（2007）认为，供应商在企业供应商网络中占据良好的位置时，其更易接触网络中的新颖知识和价值信息，为制定更符合实际的发展战略和市场战略提供基础，有助于提升自身绩效水平。Bhalla 和 Terjesen（2013）以新兴企业生产外包为研究情境，指出供应商机会主义行为受到其嵌入网络的网络结构和惯例制约，嵌入程度越高，供应商与企业间相互信任水平越高，供应商与企业合作并贡献自身知识和资源来帮助企业实现产品开发的意愿越高。供应商嵌入性是评价供应商资源储量的重要指标，为理解和预测供应商创新行为提供依据（Kim，2014）。李娜等（2015）认为，结构嵌入性作为供应商获取网络资源能力的重要体现，是选择和评价供应商的关键指标之一，在供应商获取并利用网络资源中扮演重要角色，影响合作关系中供应商表现出的创新特质。

尽管，高程度嵌入供应商网络有助于供应商获取并挖掘有价值的知识、信息等资源，增强供应商对企业的信任与协同水平，从而推动供应商服务于企业的技术革新和产品创新，这有利于增强其自身创新性。但供应商过度嵌入会损害网络中的创新知识与信息（李辉和吴晓云，2015），供应商嵌入性与供应商创新性之间存在阈值效应。供应商所搜知识范围限定在其主要镶嵌的供应网络之中，随着供应商嵌入供应商网络的程度不断提高，供应商与网络成员间联结增多，供应商网络中关系越密集，而高密度的供应商网络会导致技术信息、知识等资源的循环流动和流动冗余，进而给供应商带来网络锁定效应。网络中流动资源的同质化和冗余性使得网络中企业与供应商会拥有更为相似的知识机会，意味着供应商可能会失去多样化带来的潜在收益，最终阻碍供应商的创造力，影响其创新性。同时网络关系过于密集会促使供应商与网络成员态度与知识基础的趋同性，抑制供应商对新知识和环境变化的敏感性，阻碍供应商对新知识的识别与吸收，最终削弱供应商的创新能力。

综上所述，当供应商低程度嵌入供应商网络时，供应商没有足够能力与机会接触和获取供应商网络中有价值的知识、信息等资源，资源获取只能依赖企业的有效传递，而这极大地阻碍了供应商对知识、信息等资源的应用效率，不利于供应商快速创新；而较高的供应商嵌入程度会形成知识冗余和网络锁定效应，一方面过度交互和重复信息也会强化供应商对当前状态的认知和肯定，安于现状，即使供应商对企业创新做贡献的意愿非常强烈，缺乏新知识、消息等资源将导致供应商难以实现内部创新。另一方面缺乏多样化的知识资源严重降低其产品创新的欲求，对供应商创新性的提升产生阻碍作用。基于以上分析，提出研究假设：

H_3：供应商嵌入性与供应商创新性呈现倒"U"形关系。

三　企业供应商网络化行为、企业网络权力与供应商创新性利用

（一）企业供应商网络化行为与企业网络权力

网络权力来源于网络结构的非均衡性和对网络中关键资源的控制（Rajan and Zingales，2000；Perrons，2009）。企业供应商网络化行为能够构建以自身为核心的恰当供应商网络结构，并通过有效处理其与供应商以及供应商与供应商之间的相互依赖关系实现对网络中供应商行动与信息、知识等关键性资源的控制与支配。因此，企业供应商网络化行为对企业的网络嵌入关系（如建立交换关系的数量、对象）和其投入不同交换关系中的资源数量与质量有深刻影响，进而决定了企业在网络中的权力地位。

供应商网络化开发体现企业能动地设计并构建网络，其涵盖供应基优化、网络关系开发等重要内容，通过依据供应商知识与资源储量评价和判断供应基成员的合作资质、影响供应商的合作倾向和网络关系间依赖性提升企业的网络权力。具体来说，丰富多样的网络资源主要来自供应商网络中的成员企业，搜寻赋有丰富资源的供应商群并与它们建立亲密互动关系的企业往往具有比竞争对手更多的资源获取机会，不仅能通过创建和解除网络关系控制供应商的"进入"与"退出"，还能影响或限制供应商与竞争对手的互动，从而获得对关键资源的控制力（Phelps et al.，2012），促进网络权力的形成。同时，善于构建供应商网络的企业能合理控制网络结构的松散与紧密程度，获得更多的网络影响力和合作机会，是其他潜在供应商首选的合作对象。此外，依据网络交互理论和资源依赖理论，供应商网络中相互依赖的互动联结形成和保持了一个权力关系系统，主导供应商网络开发的核心企业占据权力的中心位置（Emerson，1962）。

在供应商网络中，协调和优化供应商关系、关系组合和网络结

构，不仅有助于企业接触并获得更多的资源优势，充分调动供应商主动性并从系统视角协调企业与供应商、供应商与供应商间互动，还能够引导网络结构的非均衡化演化，进而巩固核心企业的优势位置，提升其网络权力。首先，提高网络关系质量、巩固和优化（包括扩展和缩减）关系组合以及网络结构为企业提供了更多的学习机会与可能性，有利于企业更便利快速地接触知识，影响企业获取知识等网络资源的规模与质量和内部的知识创造和共享效应，提升其网络权力。其次，通过创建、巩固和修善网络关系组合和网络结构还能帮助企业占据中心位置，如塑造结构洞，提升中介中心性、度中心性等，而网络中心性是网络权力形成的重要来源，因此，企业越占据中心性，其拥有的网络权力越大（Olsen et al.，2014）。

供应商网络整合表现为对供应商网络中信息、资源和业务活动的集中管理与处理，对于企业网络权力的形成与提升发挥着重要作用。一方面，企业通过整合不同形式的网络联结，掌控关键资源，控制知识在网络中的流动方向与强度，从而使网络中供应商对具备独特资源掌控能力的企业形成依赖，增强企业在网络交换关系中的不可替代性（Owen-Smith and Powell，2004）。另一方面，借助供应商网络整合行为，企业努力形成网络伙伴间的信息共享机制，增加企业从网络伙伴处获得的知识，降低因供应商拥有异质性资源而产生的资源势差，从而相应地提升企业网络权力。可见，在供应商网络中，企业网络权力的提升依赖于其对信息、资源和业务的有效收集与协同处理和供应商知识权力的降低。基于以上分析，提出研究假设：

H_4：企业供应商网络化行为对企业网络权力有正向影响。

（二）企业网络权力对供应商创新性利用的影响

1. 企业网络权力与供应商创新贡献

在供应商网络中，权力的分布往往是不均衡的，拥有网络权力的核心企业是网络中游戏规则的制定者，而且权力越大，其对于网络中供应商的创新决策与行为产生的影响越大（Terpend and Ashenbaum，2012；邓峰，2015），进而能够激发供应商创新贡献。可从以下两个角度解释：基于供应商视角，因供应商与企业间物料供应关系形成供应商对企业的非对称性依赖，一方面会促进供应商关系承诺的形成，致使供应商更愿意向企业公开其战略、产品策略与开发流程，这有助于创新零部件和知识由供应商向企业转移（郝斌和任浩，2011）；另一方面，也会增强供应商改变权力结构现状的倾向，通过开发自身战略性资源、强化比较优势、向企业提供更多效用等途径提升自身吸引力、增加企业对自己的依赖，从而保障与拥有较强网络权力企业的长期合作。而基于企业视角，网络权力有助于通过建构网络中"游戏规则"保障供应商网络的稳定性，规范并约束网络中成员行为活动，实现供应商网络整体的互动与协同，从而增强供应商整合的有效性（Shaner and Maznevski，2011）。同时，凭借网络权力，企业可以影响供应商网络中信息的流动方向与速率，能够管控供应商获取网络资源的路径，而有价值知识与信息的共享更易得到网络中供应商的认可和响应，从而促使供应商给企业做出更多的创新贡献。

尽管在大多数情况下，使用网络权力有助于企业引导供应商做出更多的创新贡献，但过犹不及（Hingley，2005），尤其是在极端情况下，企业网络权力会促使供应商的逃逸与抵抗，从而打破供应商网络中权力的严重失衡状态。权力越大的企业越倾向于维护权力，而权力越小的供应商也试图去获得权力，从而导致"权力博弈"现象在供应商网络中频繁出现。因此，一些学者认为，企业网络权力作用的发挥还需控制在一个恰当的范围内，从而保证供应商乐于为企业服务并在创新项目中做出贡献。Pagell 等（2010）指出，权力使企业从与供应商间的交换中获得更大的收益份额，但过度利用权力来控制供应商很可能导致合作关系的破裂，并倡导企业适度运用权力来促进和协调双方间战略合作关系。Schleper 等（2015）认为，在严重的网络权力失衡下，企业会不道德地利用网络中供应商，如企图迫使供应商降低价格、延长保修时间以及挪用供应商的知识产权等，这些过度要求会引发企业与供应商间的竞争与冲突并降低双方间的信任水平，更有甚者导致供应商退出供应商网络。Kähkönen（2014）对网络权力位置与合作深度关系的研究也得出了相近的结论，认为合作深度受企业权力位置的影响。一方面，由于占绝对主导地位的企业可能不愿意与网络中其他成员建立关系而导致权力失衡进而阻碍深入合作；另一方面，权力较大企业可能渴望维护其权力位置而避免深入合作。基于以上分析，提出研究假设：

H_{5a}：企业网络权力与供应商创新贡献呈现倒"U"形关系。

2. 企业网络权力的调节作用

联合供应商创新已成为企业获取并利用供应商资源实现创新的重要途径，但企业并非总能有效集成供应商资源，尤其是当供应商具有较强创新性时，源于其自身创新知识与资源实力的供应商知识权力使其能够自主选择合作伙伴并配置其丰富资源与能力。当企业与创新型供应商联合开发新产品时，对于供应商更多的依赖使其面临较大合作风险，供应商蓄意阻挠（obstructionism）已成为一个常见问题（Khoja et al.，2011）。而较强的企业网络权力能够平衡创新型供应商的知识权力，改善企业在互动中的不利地位，并降低企业与供应商共同开发新产品的风险，从而使双方处于权力均衡状态，这有助于促进企业与创新型供应商间的学习和知识扩散，还能够增强企业与供应商间的整合水平（Kähkönen，2014）。同时，企业网络权力在整合供应商创新性中的突出作用还表现为，企业可以通过对网络中各种资源的控制与支配来实现供应商网络中信息的共享和资源的整合，从而激发供应商将其创新资源高效用于企业创新中。另外，网络权力具有协调合作创新行为、建立网络规范等重要功能。企业可以通过控制和影响网络其他成员活动、增强网络中互惠行为、抑制供应商的机会主义行为并着眼于长远未来而形成结构稳定性更强的供应商网络（Johnsen and Ford，2007），这将有助于双方在合作创新过程中达成共识，实现企业与创新型供应商间更好的协作创新。因此，可以认为企业网络权力在供应商创新性与供应商创新贡献之间关系中发挥调节作用。基于以上分析，提出研究假设：

H_{5b}：企业网络权力正向调节供应商创新性利用效应的发挥，即企业网络权力越大，供应商创新性对供应商创新贡献的正向影响越大。

四　企业供应商网络化行为、供应商资源分配偏好与供应商创新性利用

（一）企业供应商网络化行为与供应商资源分配偏好

1. 企业供应商网络化行为对供应商资源分配偏好的直接影响

供应商对企业的合作意愿并不总是明显的（Essig and Amann，

2009)，当存在其他相关客户（尤其是企业竞争对手）时，供应商对待企业及其竞争对手的态度是不一样的，其资源分配也存在明显差异。为了占据供应商的优先客户地位，企业需要从网络视角管理供应商（Choi and Kim，2008）。供应商是嵌入供应商网络中的，企业在供应商网络形成与发展过程中对供应商的管理行为能够有效动员供应商的资源共享，是创建优于竞争对手的企业资源位置的重要机制（Zhang et al.，2009；Koufteros et al.，2012）。

　　供应商网络开发与供应商资源分配偏好的关系从以下两个方面分析：一是，企业越来越关注与其合作的供应商是否能够且愿意提供重要资源，供应商对企业的资源共享与配置程度已成为企业评估和选择合作伙伴的重要标准（Baxter，2012）。一旦识别到合作机会（即供应商具有优势资源和明显的合作意愿），企业就期望通过主动与供应商建立合作来获取先发优势（first-mover advantages）。二是，由于紧密的合作关系需要大量的企业人力、物力等资源来塑造与维护，缩减其供应基规模成为企业的必然选择。Ulaga 和 Eggert（2006）研究指出，供应基规模缩减导致供应基中关键供应商承担着企业 3/4 的业务量，这种做法增加企业对供应商依赖程度，降低企业议价权力，从而保障供应商权益，提升供应商对企业的资源分配偏好。

　　企业对供应商网络关系优化和协调机制能够促进供应商对企业资源分配偏好，这可以由社会交换理论（social exchange theory）得到合理解释。依据社会交换理论的互惠规范，当企业通过优化关系和协调机制来维护和强化与供应商间的合作关系时，企业投资与协调努力能够影响供应商满意与供应商对企业的认知，供应商会产生回报的责任与心理，从而通过做出诸如优先共享知识、技术创新资源等回报（Ellis et al.，2012；Ramsay et al.，2013）。即通过企业与供应商间良好的资源交换和协调保障来增强供应商对企业偏好对待的倾向。与此同时，公平处理供应商网络中企业与供应商间、供应商与供应商间的矛盾，能够提升供应商对企业治理供应商网络的认可度和满意度，促进供应商对企业需求的响应和配合。相反，倘若供应商不满意与企业间现存的合作关系或感知到企业不公平对待时，供应商很可能会重新选择新的优先客户（Ellegaard and Koch，2012）。此外，企业通过利用供应商网络中关系间相互依赖性构建恰当的网络结构、塑造优势位置，不仅有助于企业更好地获取供应商资源与能力，还影响网络中供应商的行为倾向。Dubois 和 Fredriksson（2008）对沃尔沃汽车的座椅采购情况进行研究发现，构建企业—供应商—供应商三元关系并引入供应商间竞争机制与协作机制能够有效刺激和鼓励供应商向企业提供其有价值的关键资源。

供应商网络整合行为能够促进供应商网络产生实际效果，有助于供应商评估所参与的关系及网络绩效，影响供应商对企业的偏好对待。这是因为，企业对网络中信息的获取和共享能够实现网络信息快速、频繁地在企业与供应商间流动，促进双方间建立良好的协作规则、沟通与信任，降低交易风险，从而影响企业获取供应商信息的规模与质量。Lorenzoni 和 Lipparini（1999）研究发现，企业与供应商网络间紧密、频繁的互动不仅使企业能整合计划中的信息，还涉及供应商自发提供的相关信息。另外，企业与供应商间、供应商与供应商间的业务协同增加了网络成员间的相互依赖，成员企业间更易形成集体意识，使供应商网络更具凝聚力（Huang et al., 2014）。供应商网络中成员企业在计划、目标上的共识，有助于带动供应商为实现共同目标而与企业更好地交换其关键资源。基于以上分析，提出研究假设：

H_6：企业供应商网络化行为对供应商资源分配偏好具有正向影响。

2. 供应商嵌入性和企业网络权力的中介作用

在供应商网络形成与发展过程中，企业供应商网络化行为决定了供应商嵌入性和企业网络权力。依据嵌入性理论和社会交换理论可知，供应商行为倾向会受到其网络嵌入程度和网络中权力—依赖特征的影响，故而可认为，供应商嵌入性与企业网络权力能够使企业供应商网络化行为对供应商资源分配偏好的影响得到更充分的应用与体现，即供应商嵌入性与企业网络权力在企业供应商网络化行为与供应商资源分配偏好之间扮演中介角色。

（1）供应商嵌入性的中介作用

根据 Granovetter（1985）的嵌入性理论，供应商嵌入性是对其行为倾向进行有效预测的重要变量，它不仅反映了供应商与供应商网络中成员间交互的紧密程度，还体现了供应商对供应商网络中惯例、规则的认可水平，是企业评估供应商合作态度的重要标准。Coleman（1988）认为，当存在较多的共同第三方联结时，企业与供应商间的深度合作的可能性越大。Nielsen（2005）研究指出，成员企业在合作网络中的嵌入程度越高，其越可能认同由核心企业主导形成的价值体系和行为规范，其合作动机也越来越可能转向维持或巩固互惠互利的合作关系与网络。Reagans 和 McEvily（2003）认为，在高密度网络中，合作准则对机会主义行为的约束效力会降低供应商感知到的风险程度，增加它们的信任并促进它们相信所传递或共享的知识会被合理使用和保护，因此供应商发送知识、信息等资源的合作意愿会更为强烈。Ahuja 等（2013）在研究供应商的供应网络时发现，当供应商高程度嵌入企业的网络中时，其更愿意优先向企业传递其价值信息、知识等资源，而当供应商高程度嵌入其他买方企业的网络中时，其对企业优先分配资源的意愿降低。

虽然一些学者认为，主动构建并管理供应商网络有助于企业调动并整合供应商所提供的资源，但供应商网络并不能直接自动地促进供应商对企业分配其关键资源的意愿与行为。在供应商网络情境下，供应商是否传递和共享其关键资源主要受其网络关系、结构和认知嵌入的影响。这隐含着企业需要在网络化过程中设计并管理供应商嵌入性才能获得供应商对企业的资源分配偏好。首先，企业能够依赖与核心供应商长期持续、信任的关系来开展深度合作，促进供应商对企业的资源分配偏好并共同进行研发与生产以及共同应对技术挑战（Wasko and Faraj，2005）。其次，深度嵌入供应商网络中不仅意味着供应商能够凭借企业设计的网络位置获得相应网络资源，从而提高其对企业和供应商网络的满意度，增强其参与和服务的意愿；还意味着供应商很可能会通过供应商网络中联结传递和共享其优势资源，创造企业获取供应商优势资源的可能性（Pulles and Schiele，2013）。此外，供应商行为意向还会受到网络结构与网络惯例的影响。当供应商网络中形成了资源共享的行为价值观时，供应商也会遵从网络"游戏规则"，共享其优势资源。最后，共享的心智模式是企业间自由交换资源的有效机制（Hult et al.，2004）。通过加强供应商互利合作的意愿并努力促成企业与供应商目标的一致性来降低机会主义风险和自我保护意识，促进双方间知识与技能的分享与转移的承诺，调动供应商参与的积极性，以赢得供应商的优势资源（Krause et al.，2007）。因此，企业供应商网络化行为很可能借助供应商嵌入性进一步作用于供应商的资源偏好分配。基于以上分析，提出研究假设：

H_{7a}：供应商嵌入性对供应商资源分配偏好具有正向影响。

H_{7b}：供应商嵌入性在企业供应商网络化行为对供应商资源分配偏好的影响中起中介作用。

（2）企业网络权力的中介作用

研究表明，双方在交互界面上的权力—依赖特征是影响双方交换的关键要素，权力较大的一方能够通过权力的有效行使影响另一方的合作态度与行动，进而作用于关系租金的产生（Nyaga et al.，2013）。依照此逻辑，在呈现出不同权力结构的供应商网络中，核心企业能够凭借其网络权力对供应商资源分配偏好施加影响。

借助网络权力，企业能够获取和支配较多的网络资源，通过改变供应商网络中信息、知识溢出效率与技术学习和创新扩散的程度，影响供应商获取网络资源的规模、质量与速度，激发供应商为获得支持与协助而主动并优先满足企业资源需求的意愿和行动（Zhuang and Zhou，2004）；同时占据网络权力的企业也更易受到网络中供应商的接纳与追随，降低供应商机会主义风险，并促进供应商关系承诺的形成，这有助于提升供应商共享先进技术、关系投资等积极关系行为的意愿（Carr et al.，2008；霍宝锋等，2013）。但是过犹不及，高水平的权力—依赖非对称性也会诱发企业与供应商间的矛盾与冲突，降低权力较弱的供应商的合作意愿（Abbad et al.，2013），更甚者引起供应商发展战略性资源、联盟、寻求替代者、减少特定关系投资等防御性甚至是对抗性行为，从而降低供应商对企业的未来合作意愿，危及合作关系（Kähkönen，2014）。综上所述，企业网络权力有助于激发供应商关系承诺和助长供应商对企业共享资源的倾向，但过多的网络权力则往往会引起供应商逆反，降低供应商合作意愿，适度的企业网络权力更有利于提升供应商对企业的资源分配偏好。

企业网络权力是其供应商网络化行为的结果，权力大小取决于企业建立交换关系的对象、数量及从不同交换关系中获得的资源数量与质量。依据社会交换理论，供应商在分配资源时，可能会更倾向于向那些能够给它们带来更多价值的合作伙伴优先分配其实体与创新资源，占据网络权力的核心企业往往拥有更大的影响力和更丰富多样的网络资源，更能获得供应商的青睐。但需要说明的是，企业过度使用网络权力会削弱供应商的合作意愿，不利于供应商对企业偏好对待倾向的形成。因此，这就需要企业在创建和管理供应商网络的过程中，塑造恰当的网络结构以增强自身的网络权力，从而通过善意行使网络权力增强供应商对企业的资源分配偏好。基于以上分析，提出研究假设：

H_{8a}：企业网络权力与供应商资源分配偏好呈现倒"U"形关系。

H_{8b}：企业网络权力在企业供应商网络化行为对供应商资源分配偏好的影响中起中介作用。

（二）供应商资源分配偏好对供应商创新性利用的影响

1. 供应商资源分配偏好与供应商创新贡献

供应商对企业的资源分配偏好显示了供应商将企业视为其优先客户，善意并偏好对待企业的倾向与态度，这意味着企业对于供应商来说是具有吸引力的，供应商更愿意与企业合作，并对企业做出贡献。Schiele 等（2011）认为，当企业占据供应商优先客户地位时，供应商将更有动机去参与新产品开发并主动承担创新任务以帮助企业实现产品创新和生产工艺的改进。Schiele 等（2012）进一步详细提出优先客户地位的概念，认为当供应商也向企业的竞争对手提供产品时，会对创新贡献对象进行选择。未能受到供应商共享创新的企业将不能获取到供应商创新贡献，从而落后于竞争对手。Pulles 等（2014）实证研究发现，当供应商赋予买方企业优先客户地位时，供应商共享创新的意愿越强烈，供应商向企业提供专用性创新越多，供应商在企业—供应商合作创新中做出更大贡献。Schiele 和 Vos（2015）的实证结果也表明，供应商对企业越偏好，供应商在联合新产品开发中做出的贡献越明显。Helm 等（2006）从供应商意愿角度对其结束不具吸引力客户关系展开研究，证实了供应商终止关系是其对待非偏好客户的最终行为。

　　供应商资源分配偏好对供应商创新贡献的影响主要表现在三个方面。首先，当供应商将企业视为优先客户时，出于善意和长期导向会显著提升供应商对企业的忠诚度与关系承诺，供应商不仅会提供最佳的人力资源和先进技术给企业，还会努力调整自身创新能力、提供更多额外功能以适应企业创新需要（Ellegaard et al.，2003；Ramsay and Wagner，2009）。其次，供应商对企业的资源分配偏好意味着供应商将对企业提供其他客户获取不到或滞后获取的优势资源，这些稀缺资源对企业实现创新和创造竞争优势至关重要（Schiele et al.，2012）。最后，供应商资源分配偏好确保双方间信息与知识的开放式交换，促进双方间高水平交换关系与联合创新能力的形成（Christiansen and Maltz，2002）。基于以上分析，提出研究假设：

　　H_{9a}：供应商资源分配偏好对供应商创新贡献具有正向影响。

　　2. 供应商资源分配偏好的调节作用

　　对企业的资源分配偏好能够有效增强供应商合作意愿与关系承诺，这意味着供应商会将其拥有的创新资源与能力更好地运用在与企业的合作创新中；相反，未获得供应商偏好对待的企业很可能会面临资源滞后或中断风险，不利于合作项目的推进（Spekman and Carraway，2006）。因此，在高水平的供应商资源分配偏好情况下，企业将能够更好地整合与利用供应商创新性。具体来说：一方面，高水平的供应商资源分配偏好下，供应商更愿意在与企业合作过程中投入和共享其创新资源与能力，供应商可被期待更好地将其创新性转化为企业可利用的创新贡献；Yeniyurt 等（2014）指出，供应商对企业的积极合作态度可以促进供应商的关系专用性投资和知识共享，有利于增强供应商的关系承诺，提高供应商将其创新资源应用到企业创新项目中。另一方面，供应商更倾向于向企业分配其优势资源时，意味着相较于供应商的其他客户，企业能够优先获取并利用供应商创新性，进而有助于企业拉动供应商创新，从而更好地整合利用供应商创新性。基于以上分析，提出研究假设：

　　H_{9b}：供应商资源分配偏好正向调节供应商创新性利用效应的发挥，即供应商对企业优先分配资源的倾向越高，供应商创新性对供应商创新贡献的正向影响越大。

第四节　本章小结

本章主要内容是构建企业供应商网络化行为对供应商创新性利用影响的理论与概念模型，并提出研究假设。首先，基于 Lin（1999）的社会资本理论模型和 Koufteros 等（2007）提出"网络嵌入→可获取性→动员"的社会网络研究框架，构建企业供应商网络化行为对供应商创新性利用的影响关系的概念模型。在概念模型中，动员体现在企业对供应商创新性的利用，即供应商创新性向供应商创新贡献的有效转化，网络嵌入表现为企业供应商网络化行为，可获取性由供应商嵌入性、企业网络权力和供应商资源分配偏好三个方面来体现。本书认为企业网络化行为会通过设计形成、调整企业在网络中的权力大小、供应商的嵌入程度以及行为倾向促进供应商创新性的有效利用。其次，在理论分析与推导的基础上，结合文献梳理，提出了包括供应商创新性利用效应、企业供应商网络化行为对供应商嵌入性、供应商资源分配偏好和企业网络权力的影响作用、供应商嵌入性直接促进供应商创新性增强、供应商资源分配偏好与企业网络权力增强供应商创新性利用效应以及供应商嵌入性、企业网络权力等中介作用的 13 个研究假设。研究假设汇总如表 4 - 1 所示。

表 4 - 1　　　　　　　　　　　研究假设汇总

假设编号	理论关系
H_1	供应商创新性对供应商创新贡献有正向影响
H_2	企业供应商网络化行为对供应商嵌入性有正向影响
H_3	供应商嵌入性与供应商创新性呈现倒"U"形关系
H_4	企业供应商网络化行为对企业网络权力有正向影响
H_{5a}	企业网络权力与供应商创新贡献呈现倒"U"形关系
H_{5b}	企业网络权力正向调节供应商创新性利用效应的发挥，即企业网络权力越大，供应商创新性对供应商创新贡献的正向影响越大
H_6	企业供应商网络化行为对供应商资源分配偏好具有正向影响
H_{7a}	供应商嵌入性对供应商资源分配偏好具有正向影响

续表

假设编号	理论关系
H_{7b}	供应商嵌入性在企业供应商网络化行为对供应商资源分配偏好的影响中起中介作用
H_{8a}	企业网络权力与供应商资源分配偏好呈现倒"U"形关系
H_{8b}	企业网络权力在企业供应商网络化行为对供应商资源分配偏好的影响中起中介作用
H_{9a}	供应商资源分配偏好对供应商创新贡献具有正向影响
H_{9b}	供应商资源分配偏好正向调节供应商创新性利用效应的发挥，即供应商对企业优先分配资源的倾向越高，供应商创新性对供应商创新贡献的正向影响越大

第五章　研究设计

选择一个正确且合理的研究方案，是一个研究问题能否获得解答的关键。研究设计旨在选择适用于本书研究内容的研究方法，并阐述整个实证研究过程的执行方案，为研究的可靠性与有效性提供保障。一个严谨且合理的研究设计能保证研究过程的各个环节之间形成有效的连接与对应关系，清楚体现研究者解决特定研究问题的逻辑分析思路。具体研究设计的主要内容有：研究变量测量、样本与数据收集以及研究方法选择。

第一节　变量测量与问卷设计

一　变量测量

变量测量是指根据研究者对这些变量的理解和定义，把抽象的概念具体化、找到合适的测量指标（indicator），从而对这些变量所代表的现象进行科学的解释与预测。变量测量包括变量测量指标获取方法和变量操作化定义两个部分。研究所涉及变量的测量主要遵循以下原则设计：（1）广泛搜索和收集相关变量的测量量表，尽量借鉴已有国内外研究中较为简约、成熟的测量量表，这是因为这些量表大都被证明拥有较好的信度与效度，且已反复被使用在相关领域的研究中；（2）对于英文量表，为了保证变量测量指标在语义上的准确性，按照标准设计流程，经过两轮英汉互译对照和专家（包括供应商管理领域教授、博士生和企业中经常与供应商打交道的从事供应商管理、产品研发的中高层管理人员）审阅修改，最终确定合适的测量题项；
（3）考虑到中外研究存在文化情境上的差异，依据中国企业情形、
本书研究情境适当对国外参考文献中原始英文测量指标进行修改，使
其符合中国人的思维方式与语言习惯；（4）当变量不存在直接可用
的成熟量表时，采用扎根理论、文献研究等方法自行开发测量量表并
严格检验信效度评价测量效果。

研究共涉及六个主要变量，分别是供应商创新性、供应商创新
贡献、企业供应商网络化行为、供应商嵌入性、企业网络权力、供
应商资源分配偏好。为了控制其他因素对因变量或变量之间关系的
干扰影响，选取企业与供应商间的地理距离、关系长度与供应商规
模为控制变量。针对各变量如何界定及其具体测量题项如何确立说
明如下。

1. 供应商创新性

关于供应商创新性的测量，现有研究大多采用买方企业感知评
价的方式，且根据研究视角的不同，供应商创新性的测度方法可以
分为供应商个体视角和企业—供应商关系视角两类：个体视角的度
量以国外学者 Azadegan 和 Dooley（2010）、Inemek 和 Matthyssens
（2013）为代表，强调从供应商的技术能力、创新倾向等方面来度
量供应商创新性，题项包括"供应商的制造工艺持续提高"、"供应
商生产工艺更新速度明显超过竞争对手"、"近五年，供应商采取了
很多新的管理方式"等。而企业—供应商关系视角的度量以 Schiele
等（2011）为代表，强调供应商创新性是供应商在与企业合作创新
过程中做出贡献的能力和意愿，题项包括"供应商愿意共享技术信
息"、"供应商技术能力很强且愿意为我们所使用"、"供应商有能
力支持与我们的合作创新活动"及"供应商经常向我们推出新产
品"。本书中供应商创新性是供应商所具备的创新特性，即反映供
应商的技术能力与持续创新倾向，又反映其对买方企业创新做贡献
的意愿。为了更全面准确地反映供应商创新性，本书综合 Azadegan
和 Dooley（2010）、Inemek 和 Matthyssens（2013）及 Schiele 等
（2011）对供应商创新性测量量表形成初始量表，进一步经企业访

谈、与两名专业教授和三名博士生研讨后，最终修订形成了反映供应商技术能力、创新倾向和贡献意愿等的 7 个题项的供应商创新性测量量表，具体内容如表 5 - 1 所示。

表 5 - 1　　　　　　　　　　供应商创新性的操作化定义

变　量	题　项	文献基础
供应商创新性 （SI）	SI1 该供应商总能快速推出新产品	Azadegan 和 Dooley（2010）、Inemek 和 Matthyssens（2013）以及 Schiele 等（2011）
	SI2 该供应商的制造工艺持续提高	
	SI3 该供应商总能提供前沿技术	
	SI4 近五年，供应商采取了很多新的管理方式	
	SI5 该供应商总能积极探索新的问题解决思路	
	SI6 该供应商愿意根据我公司要求做出产品创意调整	
	SI7 该供应商具有较好技术且愿意应用到企业创新中	

2. 供应商创新贡献

供应商创新贡献强调供应商在改善企业产品、工艺与服务等创新方面做出的贡献。由于现有研究存在将供应商创新性和供应商创新贡献测度混淆的现象，如 Pulles 等（2014）及 Schiele 和 Vos（2015）关于供应商创新贡献的测度均与 Schiele 等（2011）提出的供应商创新性测度相同，因此采用测量工具建构中的演绎法，依据企业视角下的供应商绩效量表为基础编制供应商创新贡献的测量量表，并由企业评价指定供应商的创新贡献水平。本书主要参考 Lawson 等（2014）开发的包含 3 个题项的供应商技术绩效量表，Schiele 和 Vos（2015）应用的包含 5 个题项的供应商对企业新产品开发的贡献量表。为了更精准有效地刻画供应商创新贡献，综合两个量表，并通过与三名从事供应商管理的中高层领导、两名专业教授和三名博士生进行研讨后，选取反映供应商创新协作胜任水平、供应商帮助企业改善产品创新的效率和效果等的 5 个题项来测量供应商创新贡献，5 个题项的具体内容如表 5 - 2 所示。

表 5 - 2　　　　　　　　　　供应商创新贡献的操作化定义

变　量	题　项	文献基础
供应商 创新贡献 （SC）	SC1 该供应商胜任企业产品开发和工艺改善中的协作任务	Lawson 等（2014）； Schiele 和 Vos（2015）
	SC2 该供应商给企业提供生产工艺改善建议	
	SC3 该供应商积极推进企业创新项目进程	
	SC4 该供应商提供的新创意有益于企业产品竞争力的提升	
	SC5 该供应商提供的新技术有益于企业产品功能的增强或增加	

3. 企业供应商网络化行为

企业供应商网络化行为是指为维护供应商网络的持续稳定运行并产生网络效益，企业主动介入供应商网络形成与发展过程并利用网络关系的持续互动，多采用从事供应商网络构建与管理的相关人员对企业行为表现进行评价。依据第三章扎根理论与实证研究的前期成果，开发的企业供应商网络化行为测量量表包括供应商网络开发、供应商网络调适和供应商网络整合三个维度，共 32 个题项。经统计检验，得出的企业供应商网络化行为量表具有较高的信度和效度。企业供应商网络化行为的测量量表详见表 5 - 3。

表 5 - 3　　　　　　　　企业供应商网络化行为的操作化定义

变　量	维　度	题　项	文献基础
企业 供应商网络化 行为（FSNB）	供应商 网络开发 （SND）	SND1 减少并控制总的供应商数量 SND2 逐层差异化管理供应商 SND3 通过行业展销会与公开招标不断搜寻潜在供应商 SND4 主动发展与供应商的合作关系 SND5 与供应商组建研发团队 SND6 定期举办供应商研讨会，促进供应商间面对面沟通 SND7 鼓励供应商间相互帮助完成既定目标	第三章 研究得出

续表

变　量	维　度	题　项	文献基础
企业 供应商网络化 行为（FSNB）	供应商 网络调适 （SNA）	SNA1 会为合作做出适当改变 SNA2 支持供应商产品开发与生产工艺改进 SNA3 根据经验持续性地改善合作流程 SNA4 投入战略性资源，支持和拓展双方业务 SNA5 与供应商合作产生分歧时，会重新评估事实并友好处理 SNA6 对供应商绩效目标达成过程进行监控 SNA7 妥善处理供应商间冲突 SNA8 构建专职部门统筹管理供应商关系 SNA9 定期与供应商达成战略发展、生产规划等共识 SNA10 依据最终产品将供应商划分为多个供应商群体，中断不同供应商群体中供应商间的直接互动 SNA11 努力维系桥接位置 SNA12 对相似或相同产品与服务的供应商进行捆绑管理 SNA13 要求同一或类似产品的供应商向优秀供应商学习	第三章 研究得出
	供应商 网络整合 （SNI）	SNI1 成立咨询团队就共享知识对网络成员进行翻译与解答 SNI2 主动共享知识并鼓励供应商共享知识 SNI3 借助信息系统实现供应商网络成员间信息实时交流 SNI4 向供应商获取所需要的技术与市场信息 SNI5 促进同类模块供应商在竞争基础上的广泛合作 SNI6 结合市场需求和生产计划调整各供应商的生产计划 SNI7 要求供应商积极配合企业业务调整 SNI8 与供应商群共同创造性地解决新产品开发项目中的技术问题 SNI9 与供应商群共同激发创意与建设性讨论 SNI10 统筹配置各个供应商知识与技术等资源 SNI11 洞察网络中供应商间的相互依赖关系 SNI12 识别和获取供应商先进资源与能力	

4. 供应商嵌入性

供应商嵌入性具体是指供应商在企业供应商网络中的嵌入水平。

网络嵌入性的测量大多采用被调查者对其所处企业的评价方式，由于企业是供应商网络中的核心企业，其对成员企业在网络中的嵌入程度具有决定性作用，因此可从企业视角对供应商的嵌入程度加以评价。Lin 等（2009）和 Kim 等（2011）提出结构嵌入、关系嵌入和认知嵌入能较为全面地反映企业在网络中的嵌入水平。延续已有研究成果，结合供应商网络特征与情境，形成供应商嵌入性的初始测量量表。再经与从事相关职务的企业专家和相关领域教授、博士生就量表内容进行探讨后，最终修订形成了供应商嵌入性的测量量表，包括反映供应商结构嵌入性的供应商在企业供应商网络中的位置（2 个题项）、反映供应商关系嵌入性的企业—供应商和供应商—供应商关系强弱程度（2 个题项），以及反映供应商认知嵌入性的供应商与企业间认知一致性水平（2 个题项）等，各题项具体内容如表 5–4 所示。

表 5–4　　　　　　　　　供应商嵌入性的操作化定义

变　量	维　度	题　项	文献基础
供应商嵌入性（SSE）	结构嵌入（SE）	SE1 供应商网络中该供应商的直接业务合作伙伴很多 SE2 一些供应商与我们企业建立联系需要通过该供应商牵线	Lin 等（2009）和 Kim 等（2011）
	关系嵌入（RE）	RE1 该供应商与企业维持长期频繁互动 RE2 该供应商和供应商网络中其他合作伙伴维持长期频繁互动	
	认知嵌入（CE）	CE1 企业与该供应商达成了互利合作的共识 CE2 企业与该供应商间合作的目标一致性较高	

5. 企业网络权力

企业网络权力是指企业在供应商网络交换过程中影响和控制网络中供应商战略选择与行为决策以实现自身愿望、满足自身利益需求的能力。在具体应用中，对企业网络权力的测量可通过自我报告方式（即管理人员就其企业自身网络权力大小进行评价），也可通过多源调查获得数据的方式。由于研究情境是以企业为核心的供应商网络，且自我报告能够直接了解相关企业人员对供应商网络及企业网络权力大小的看法，同时，该方式也便于操作和执行，因此采用自我报告方式测度企业网络权力。考虑到国内外现有文献中已存在网络权力的成熟量表，故企业网络权力的测量工具主要参考了现有研究中的成熟量表，并依据研究情境和企业网络权力定义进行适当修改。具体来说，基于 Touboulic 等（2014）和邓峰（2015）使用的成熟量表，结合供应商网络情境并借鉴郝斌等（2013）关于企业间领导力的研究成果修正而成，主要从企业对供应商网络中供应商的影响和控制两方面对企业网络权力进行评价，包括 4 个具体题项，各题项如表 5 - 5 所示。

表 5 - 5　　　　　　　　企业网络权力的操作化定义

变　量	题　项	文献基础
企业网络权力（FNP）	FNP1 企业会对网络中合作创新活动施以影响	Touboulic 等（2014）、孙国强等（2014）、邓峰（2015）以及郝斌等（2013）
	FNP2 当企业改变网络战略方向时，供应商会坚定追随	
	FNP3 企业能够控制网络中供应商的业务决策	
	FNP4 企业能够对网络中信息流动加以控制	

6. 供应商资源分配偏好

供应商资源分配偏好是指供应商在资源分配方面对特定企业特权对待的心理与行为倾向，除了表现为供应商愿意将其优势资源提供给企业外，更强调相对其他客户尤其是企业的竞争对手，供应商会优先向企业提供更好的资源、帮助与支持。由于资源的接受者是企业，因此学者大多从企业视角感知并评价供应商在资源方面对企业的偏好程度。关于供应商资源分配偏好，现有研究成果中并不存在可直接测度的成熟量表，利用测量工具建构中的演绎法，结合中国企业实际情况编制了一个供应商资源分配偏好量表，该量表是在 Pulles 和 Schiele（2013）、Pulles 等（2014）的供应商偏好的资源分配的量表基础上，借鉴了 Baxter（2012）、Ellis 等（2012）关于偏好客户对待和优先客户地位的表述方式修订而成，并邀请相关企业专家、高校教授和博士生对该题项设计进行多次讨论，以把握供应商资源分配偏好量表的科学性和合理性，最终得到包含 5 个条目的量表，详细内容见表 5 - 6。

表 5 - 6　　　　　　　　　供应商资源分配偏好的操作化定义

变　量	题　项	文献基础
供应商资源分配偏好（SRP）	SRP1 相较于其他客户，该供应商能将其最佳人力资源分配给我们企业	Baxter（2012）、Ellis 等（2012）、Pulles 和 Schiele（2013）以及 Pulles 等（2014）
	SRP2 相较于其他客户，该供应商能将其最好创意分配给我们企业	
	SRP3 相较于其他客户，该供应商能向我们企业共享更多知识与经验	
	SRP4 相较于其他客户，该供应商允许我们企业优先利用其资源	
	SRP5 相较于其他客户，该供应商允许我们企业深度接触其社会网络	
	SRP6 相较于其他客户，该供应商允许我们企业长期占用其生产设备	

7. 控制变量

为了控制其他因素对供应商创新贡献与供应商创新性的干扰，根据以往研究建议，选取企业与供应商间的地理距离、关系长度和供应商规模作为控制变量。首先，地理距离反映了双方地理位置上的临近程度，以企业与供应商地理位置之间的直线距离表示，具体计算时取其对数值。通常地理距离越大，企业与供应商间信息交换、知识溢出与扩散、创新传递效率越低，越不利于供应商对企业创新做出贡献（Schiele，2006）。其次，关系长度体现企业与供应商的持续性与稳定性，用我公司与供应商间的合作年限来测量，合作年限划分为三类：低于 5 年、5—10 年，以及 10 年以上，分别编码赋值为 1、2 和 3。通常伴随关系长度的增长，供应商对企业的忠诚与关系承诺也会得到提高，有利于供应商创新性和供应商创新贡献的提升（Zhang et al.，2015）。最后，供应商规模普遍用供应商的员工的总人数来衡量，雇员人数划分为四类：低于 100 人、100—300 人、300—500 人，以及超过 500 人，分别编码赋值为 1、2、3 和 4。通常供应商规模越大，意味着供应商人力资源越丰富，供应商研发投入、创新能力开发和对合作创新的重视程度越高，进而增强供应商创新性（Kim and Wemmerlöv，2015）。

二 问卷编制与预测试

有效调查问卷的设计应注重理论与实际相结合，还需要充分考虑问卷题项表述的适切性及其被理解程度。因此，在进行大样本问卷调查之前，需要对由变量测量量表形成的调查问卷进行预测试，以检验测量题项的可靠性程度。

预测试主要在陕西省进行。考虑到中国汽车产业普遍存在多层级的供应商网络，故选取陕西汽车集团有限责任公司、陕西重型汽车有限公司、陕西欧舒特汽车股份有限公司、陕西德仕汽车部件（集团）有限责任公司四家企业的采购、供应、研发等四名部门主管或相关业务负责人进行半结构化访谈，针对每个变量的测量题项逐一分析并做了适当调整与修订。邀请西安理工大学、西北工业大学两名研究供应链与供应商管理方面的专业教授和五名博士研究生共同研讨测量题项的精准性，就变量与题项间的匹配和适切性进行判断，参考原始英文量表对一些模糊描述、容易产生歧义的题项进行适当修改，确保被试者准确理解题项。然后对修改后的调查问卷进行项目分析。具体做法是将修改后的调查问卷发放给随机选取的部分陕西制造企业中负责采购与供应商管理的主管（涵盖机械制造型、汽车制造型和家用电器制造型等企业），以及本校专业教授和博士生，共发放100份问卷，回收有效问卷68份。利用收集到的数据依次采用独立样本Levene检验和t检验来考察高低两组受试者在各测量题项平均数的差异显著性，检验结果表明，量表中测量供应商创新性的题项SI2和SI4、测量供应商创新贡献的题项SC3、测量供应商资源分配偏好的题项SRP6的鉴别度较差，不能区分高低两组受试者观点的差异，予以删除（如表5-7所示，考虑篇幅原因，仅在表中列出鉴别度差的题项分析结果）。基于此，重新对题项进行编号，形成正式调查问卷，详见附录3。问卷采用李克特5级量表编制，1代表被试者认为题项描述情况与企业实际完全不符合，2代表被试者认为题项描述情况与企业实际较不符合，3代表被试者态度中立，4代表被试者认为描述情况与企业实际较符合，5代表被试者认为描述情况与企业实际完全符合。

表 5 - 7

独立样本 Levene 检验和 t 检验结果

		方差相等的 Levene 检验		平均数相等的 t 检验							
		F 值	Sig.	t	自由度	Sig. (2 - tailed)	平均差异	标准误差异	方差的 95% 置信区间	
									下界	上界
SI2	假设方差相等	3.78	0.06	1.36	36	0.18	0.34	0.25	-0.17	0.84
	假设方差不相等	—	—	1.34	32.73	0.19	0.34	0.25	-0.17	0.85
SI4	假设方差相等	0.10	0.76	0.60	36	0.56	0.13	0.21	-0.31	0.56
	假设方差不相等	—	—	0.60	35.82	0.55	0.13	0.21	-0.31	0.56
SC3	假设方差相等	1.17	0.29	-0.93	36	0.36	-0.27	0.29	-0.85	0.32
	假设方差不相等	—	—	-0.94	35.65	0.36	-0.27	0.28	-0.84	0.31
SRP6	假设方差相等	0.69	0.41	0.99	36	0.33	0.27	0.28	-0.29	0.83
	假设方差不相等	—	—	0.98	35.00	0.33	0.27	0.28	-0.29	0.81

第二节 样本与数据收集

一 样本选择

选择中国典型制造企业作为研究对象，主要基于以下三个原因：（1）因产品结构和工程工艺较为复杂，制造企业需要与关键供应商进行深度互动与合作，相较于其他产业，制造业普遍拥有较为广泛的供应商网络，且在发展和维护供应商关系，配置供应商网络资源方面积累了较为成熟的经验，能基本满足供应商网络管理研究的基本需要。（2）考虑到企业利用供应商创新性旨在满足自身需求或实现企业价值增值，多由制造企业所主导，同时在国外供应商创新性利用研究的代表性文献中，大多数学者均选择立足于制造企业进行探讨研究（Azadegan and Dooley，2010；Azadegan，2011），因此制造企业能在一定程度上准确表述和评价供应商创新性利用的基本情况。（3）由于制造企业在供应商及供应商网络管理方面有更深入的认识和更多实践，使得制造企业中的被试者才能更准确理解问卷题项并做出正确的判断与回答，从而提高调查的有效性。

采取随机抽样和判断抽样相结合的方法，遵循随机性、代表性和可操作性原则，一方面从中国通用机械制造业厂商名录、中国汽车电子电器企业名录、2015年中国制造企业500强榜单等相关资料中随机抽取制造企业。另一方面选择导师推荐与积极联系的制造企业，以及相关校友所在或引荐的制造企业。为了确保研究样本的多样性、合理性和有效性，进一步征询行业内人士和相关领域专家与学者的意见，对所选取的样本企业进行筛选，其基本原则是：（1）尽量涵盖不同的企业规模、行业、所有制、成立时间等特征；（2）地域分布在创新活动相对活跃频繁、企业与供应商间合作创新较为广泛的地区。经统计，样本企业行业分布较为广泛，能在一定程度上反映我国制造业的基本情况，且主要集中在西安、北京、上海、天津、南京、深圳、珠海、洛阳、泰安、成都这10个重视企业创新创业的主要城市。

调查对象是问卷的填写者，管理与工作经验越丰富、对研究问题与题项的理解程度越高，他们越能提供有效的数据信息，从而有助于保证调研质量并得出正确的研究结论。因此从事相关工作、熟悉掌握相关知识的企业中高层管理人员与相关职能部门工作人员成为访谈与问卷调查的主要对象。基于此，尽量选择从事采购管理、供应商关系管理和供应商网络管理等相关工作的高层管理人员与采购人员，以及相对熟悉供应商创新贡献、理解供应商创新资源并与供应商联合创新的研发部门高层管理人员、产品项目负责人和技术人员作为研究调查对象。另外，为了规避因相似项目背景和测量环境造成的共同方法偏差，在同一企业发放1份调查问卷，并致电该企业以确定合适的答卷者，从而保证所回收问卷的有效性。

二 问卷发放与数据收集

借助于研究团队国家自然基金课题项目，以以下两种方式发放问卷：一是访谈与现场发放，共调研117家大、中、小型制造企业，主要分布在西安、北京、上海、珠海、深圳等地，对调查问卷内容进行面对面的沟通，每家企业现场发放问卷1份，实际回收117份。较高的回收率与调研前的细致准备、现场安排及良好沟通等密切相关。二是基于电话联系后通过网络发放 E-mail 方式开展大规模问卷调研，参与调查的企业是前述所选择的样本企业。为确保数据质量、可信度和问卷回收率，在问卷发放过程中研究团队利用网络通信、电话、E-mail 等方式与调查企业频繁联系，以便及时解答疑惑，增强调查对象对研究问题和问卷题项理解的准确程度，打消调查对象对提供真实有效数据的顾虑。经统计发现，共发放 E-mail 问卷418份，回收375份。经检查共去除不合格问卷78份，最终收集到414份有效问卷，有效回收率达76.384%。研究调查问卷总题项数共56个，有效样本数约为总题项数的7.4倍，满足有效样本总量是题项数5—10倍的基本要求。

三 样本特征描述

有效样本的结构特征分布情况如表5-8所示。样本企业特征具体为：企业年龄方面，74.469%的样本企业已经存活五年以上，表明其经营状况较为稳定，因此其所提供的管理现状和管理经验是较为可信的。行业类型方面，机械设备制造样本企业占比22.947%、汽车制造样本企业占比 28.019%、电子产品制造样本企业占比 21.498%、家电制造样本企业占比 27.536%，可见行业类型分布较为平均，基本保证了样本的多样性需求。企业性质方面，民营、股份制和中外合资占总样本企业的 77.295%，这些企业普遍具有较复杂的产品生产线，市场份额日益扩大，且敢于接受并尝试先进的管理理念，增强所获得数据信息的有效性。调查对象特征具体为：性别方面，男性占 56.039%，女性占 43.961%，基本上较为均衡。学历方面，本科及以上学历调查对象占据 85.024%，表明绝大多数调查对象具有较高的文化水平，对学术研究问题的理解能力较强，能够保证调查数据的有效性。工作年限方面，89.614% 的调查对象在企业的工作时间达到三年以上，这表明其对企业实际经营与管理情况较为了解，能够提供切实的调查数据。在工作职务方面，相对了解供应商管理状况、组织供应商联合创新等的采购与供应管理人员和技术与研发人员占比 65.459%，这有助于保证问卷填写的有效性，进而保证研究结果的真实有效。

表 5-8　　　　　　　　　　样本特征描述（$N = 414$）

统计量	类别	样本数	百分比（%）	统计量	类别	样本数	百分比（%）
企业年龄	5 年以下	85	20.531	调查对象性别	男	232	56.039
	5—10 年	134	32.367		女	182	43.961
	10—15 年	127	30.676	调查对象学历	大专及以下	62	14.976
	15 年以上	68	16.425		本科	255	61.594
行业类型	机械设备制造	95	22.947		硕士及以上	97	23.430
	汽车制造	116	28.019	调查对象工作年限	3 年以下	43	10.386
	电子产品制造	89	21.498		3—5 年	117	28.261
	家电制造	114	27.536		5 年以上	254	61.353
企业性质	国有控股	94	22.705	调查对象工作职务	高层管理人员	60	14.493
	民营	104	25.121		中层管理人员	83	20.048
	股份制	105	25.362		采购与供应管理人员	168	40.580
	中外合资	111	26.812		技术与研发人员	103	24.879

第三节　数据分析方法

实证研究的实质是通过设计合理的实证方法对企业管理实际进行检验与分析，以探索某种潜在的抽象理论关系或验证实现构建的理论模型，从而实现对客观现象运行规律的解释与说明。因此选择合适的数据方法是研究设计部分的重要组成内容。基于大样本问卷调查所获得的数据信息，设计数据分析程序与合适的数据分析方法。根据研究问题和概念模型，采用 SPSS 和 AMOS 软件进行数据分析，具体包括：（1）对数据质量的分析，首先采用描述性统计分析、相关性分析、共同方法偏差分析、测量量表的信度与效度检验进行初始测试；（2）进行假设检验，包括直接影响效应、中介效应和调节效应的检验。所选择具体的数据分析方法如下。

一　变量描述性统计与相关性分析

描述性统计分析是对样本数据的基本特征进行分析，能够初步发现数据的内在规律。统计数直接由原始数据推导计算得出，是描述原始数据特性的最佳指标。描述统计中，最重要的统计量数是用以描述测量观察值集中情形的集中量数和用来描述观察值在某一变量上的分数分散情形的变异量数，且只有将集中量数与变异量数搭配起来，才能反映一组组数据真实的分布特征。在现有研究中，普遍结合平均值与标准差来对数据进行描述性统计分析。平均值是取某一变量的所有数值的总和除以观察值个数所得数值，是反映一组数据"数量"的中心点，而标准差以离均差作为变异指标的计算基础，是方差的平方根，且标准差越大，表示该数据分布的变异情形越大。由于两者测量都最为精密，且考虑到每一个样本，具有最佳的代表性。

Pearson 相关系数是由统计学家 K. Pearson 创建，适用于两个连续变量的线性关联情形的描述，用 r 表示。r 数值为正表示两个变量间正相关，为负则表示两个变量间负相关，r 的绝对值表示关联强度，绝对值越大，表示两变量间关联性越强。一般来说，当 r 的绝对值小于 0.40 时，代表低度相关；当 r 的绝对值介于 0.4 与 0.7 之间时，代表中度相关；当 r 的绝对值大于 0.70 时，代表高度相关。需要注意的是，只有当 r 达到统计意义上的显著性时，才能对 r 的数值进行有效解释与实际应用。当显著性检验的概率值 p 小于 0.05 时，即表明两个变量间的相关达到显著。一旦显著之后，就可依据上述关联强度的判断依据，给予实务意义。

二 共同方法偏差检验

共同方法偏差（common method biases）在采用问卷法的研究中普遍存在，是一种系统误差，是指调研过程中由人为原因导致的自变量与因变量之间的共变。为了检测人为共变是否会误导研究学者得出混淆的研究结果，有必要在数据收集过程采取相应控制措施，并在数据收集完成后、实证数据分析之前对共同方法偏差进行检验（刘军，2008）。

一般来说，问卷研究中共同方法偏差主要来源于自我报告偏差、项目特征、项目语境和测量环境四方面因素。具体而言：（1）自我报告偏差是指由同一样本、数据来源者或评分者因一致性动机、内在观念、社会惯例、情绪状态等所造成的变量间人为共变。（2）由于测量结果会受到项目内容以及项目表现形式的影响，项目复杂性和模糊性、调查问卷格式与表现形式、消极用语等项目特征与呈现方式都很可能造成变量间的人为共变。（3）量表长度、混合意义接近的不同构念的项目问卷、语境诱发的情绪等项目上下文语境因素也会带来共同方法偏差问题。（4）涉及测量的时间、地点以及所采用的媒介等测量环境都很可能会造成变量间人为的共变。

基于此，研究者需要采取相应的控制措施，尤其是合理有效的研究设计来消除和减少因上述四个方面造成的变量间的虚假关系。尽管如此，受某些条件限制，共同方法偏差也很可能无法通过相关控制措施消除，意味着研究存在共同方法偏差效应，需借助于统计方法来进行检验与控制。最常见的是 Harman 单因素检验法，这种统计技术是用来检验众多因素的共同方差是否被某单个因素解释全部或绝大部分，若某单个因素能够解释绝大部分的共同方差（至少超过 50%），则认为存在严重的共同方法偏差问题，显示自变量与因变量之间存在人为的共变，调查所得数据不准确可靠，需重新调整研究设计发放问卷或更换研究方法。具体检验步骤为：对所有变量进行探索性因素分析，以标准值大于 1 为标准抽取共同因子，当共同因子对共同方差的解释力大于 50% 时，即表明存在较显著的共同方法偏差效应。

三　信度与效度分析

信度即测量的可靠性，可以理解为测量无偏差的程度，没有偏差意味着在不同时间点和以量表内不同题项测量的结果是一致的，换言之，测量量表具有较好的内部一致性。目前针对 Likert 式量表，普遍采用 Cronbach's α 系数和组合信度（composite reliability，CR）来评价测量量表的信度，其中 Cronbach's α 系数作为因素分析中评价各构件或各层面的信度系数，主要以方差分析的方式，从测量得分中对由研究变量自身造成的共同变异量和由被试人员造成的变异量进行区分，并以此来估计研究变量测量的信度；而组合信度则是在结构方程模型分析中评估潜变量测量模型的信度系数，主要利用 SEM 中的指标的标准化因子载荷与误差变异量来判定测量模型的内在质量。

在实际应用中，Cronbach's α 值大于 0.7，CR 值大于 0.6，表示测量量表信度是可靠的，测量模型的内在质量理想。

效度即测量的正确性，可以理解为测量量表能够测量相应构念的程度，效度越高，即代表构念的本质特征越能被测量结果所体现。

1. 内容效度是指测量内容反映所建构变量实质特征的程度，其目的在于评价测量内容的代表性与适切性。一般认为造成内容效度损害的主要原因在于：（1）测量内容的不完备；（2）测量内容的不相关，即包含一些不相关条目与指标；（3）因不同成分的重要性或权重分配导致的测量误差。当量表内的测量题项能够涵盖该概念的主要领域与范围时，可认为使用的测量量表是具有较好内容效度的。实践中普遍采用定性方来评价内容效度，其具体做法是：邀请相关专家对此构念的测量是否符合他们对此构念的认识进行主观判断；评价重点围绕测量内容的完备性、测量内容的代表性与适切性以及测量内容中不同成分的权重安排或分配是否体现了各成分的重要性。

表 5 - 9 模型拟合指标

拟合统计量	含义	拟合标准
简约拟合指数:		
χ^2/df	卡方自由度比值 χ^2/df 显示假设模型的协方差矩阵与观察数据间的拟合程度	介于 1—3 之间
绝对拟合指数:		
χ^2 显著性水平	模型的因果路径与实际数据间不一致性的可能性, 若 χ^2 达到显著则代表两者间不一致的可能性较大, 若 χ^2 未达到显著则代表两者一致性的可能性较大	$p > 0.05$ (不显著)
GFI	GFI 用来显示理论构建的复制矩阵对样本数据的观察矩阵的变异量的解释程度	> 0.9
RMSEA	RMSEA 为一种不需要基准线模型的绝对性指标, 用来显示每个自由度的平均 Σ 与 Σ (θ) 间的差异值	< 0.05, 拟合良好 < 0.08, 拟合合理
增值拟合指数:		
NFI	NFI 用于比较某个所提模型与虚无模型之间的卡方值差距, 相对该虚无模型卡方值的一种比值	> 0.9
CFI	CFI 用于比较限制模型和饱和模型中非集中参数的改善情况, 以非集中参数的卡方分布及其非集中参数来定义	> 0.9

2. 聚合效度, 也称收敛效度, 是指同一概念的两种或多种测量方面间存在高度相关; 而区分效度, 也称判别效度, 是指不同特质与内涵的构念测量结果间不存在太大相关。主要采用验证性因子分析模型来评估聚合与区分效度。当假设的理论模型与抽样得到的数据很好地契合 (拟合标准见表 5 - 9), 测量指标在所要测量的构念上的标准化因素载荷量介于 0.5—0.95 之间时, 且反映潜在变量解释其指标变异量比值的平均方差抽取量 (AVE) > 0.5 时, 表明构念测量具有较好的聚合效度。

3. 关于区分效度的分析，通常采用 AVE 值的平方根与两个因子间标准化相关系数的比较结果判定。当 AVE 平方根大于相关系数时，显示潜变量与其指标之间的共同变异超过此变量与其他潜变量之间的共同变异，构念测量具有较好的区分效度。

四 多元回归分析

在假定变量间存在线性关系的基础上，通过构建回归方程来检验变量间的解释与预测关系，明确变量间是否相关、相关强度与方向的统计方法，称为回归分析。通常一个研究中，影响因变量的自变量不止一个，同时将多个自变量纳入回归方程中来解释和预测因变量，称为多元回归。依据用于解释和预测的不同关系类型，回归可划分为线性回归和曲线回归。针对曲线形的变量间关系，需要将数据进行数学转换才能视同线性关系来进行回归分析，例如"U"形或倒"U"形的曲线关系，需考察自变量的平方项与因变量间的线性关系。

基于不同研究目的，可采用不同的解释变量选择同时法、逐步法、层次法等不同程序进行回归分析，以得到不同的结果。（1）以同时技术来进行的回归分析，称为解释型回归，是用来厘清所提出的解释变量是否能够用来解释因变量。一般情况下，由于每个提出的解释变量对于因变量的影响都是研究者所欲探讨的对象，不论结果是否显著，都在学术上存在意义与价值，因此多采用同时技术来处理变量的选择问题。（2）以逐步分析技术来进行的回归分析，是用来筛选具有解释力的预测变量，在探索性研究中较为常见，其原理是依据各个解释变量与被解释变量间的相关程度高低（F 统计值）来筛选进入回归方程的解释变量，最终得到一个包含最少解释变量却能解释较多被解释变量变化的最佳回归方程。（3）以层次法来进行的回归分析，也是一种区分成多个步骤，"逐步依序"来进行的回归分析，与逐步分析的进入模式不同，层次回归分析按照理论或研究需要而决定解释变量的进入顺序，反映了层次回归在本质上是一种验证性的技术，而非探索性的方法。从技术层次来看，层次回归分析能够将解释变量以分层来处理，若结合同时法，适合用于决定一组解释变量的重要性；若结合逐步法，则类似于预测型回归分析。

关于多元回归模型的检验，主要通过评价回归模型解释力和回归系数的显著性来实现。（1）回归模型解释力检验。在多元回归模型中，R 代指因变量实际数值与预测数值间的相关系数，其平方数 R^2 是因变量被自变量所削减的误差百分比，即反映了整个回归模型的预测效果，当 R^2 介于 0—1 之间，越靠近 0 代表多个自变量对因变量解释力越小，越靠近 1 代表多个自变量越能完全解释因变量的变异。（2）回归系数的显著性检验。回归系数代指某个预测变量对因变量的解释力，其值大小是否体现解释程度还需要经过显著性检验。采用 F 检验来评价回归模型的整体显著性，即 R^2 的 F 检验是回归分析的整体检验，配合 t 分布表，若 R^2 具有统计意义，则可继续针对回归系数的统计检验进行检验。采用 t 检验来评价回归系数的显著性水平，配合 t 分布表，判断多元回归模型中各回归系数的显著性。

需要说明的是，多元回归分析中需要留意共线性问题，这是因为自变量间严重的多元共线性问题，将造成回归分析的情境困扰，导致自变量的回归系数将无法解释出现的矛盾现象。针对这一问题，现有研究普遍采取以下方式：（1）在进行多元回归分析前，计算容忍度和方差膨胀因素（VIF）来判别是否存在多元共线性问题。一般而言，容忍度的值介于 0—1 之间，其值越接近 0，VIF 越大，表示自变量间的共线性问题越严重。（2）采用层次回归分析技术，依据变量间因果关系强弱设定各个自变量进入回归方程的顺序，从而能够清晰呈现各个变量对因变量变异的解释力度。

五　中介效应检验

中介变量，是指在自变量与因变量间影响关系中发挥中介效应的变量，一般表述为自变量通过中介变量作用于因变量，因此中介效应可用来探析自变量对因变量的影响机理或作用机制，往往能够得到比单纯探讨自变量与因变量间直接影响关系更深入的研究结果或更有价值的研究意义，因而受到心理学和其他社科研究领域学者的广泛应用。中介效应的作用原理如图 5 - 1 所示，其中 X 为自变量，Y 为因变量，Z 为中介变量，其是 X 对 Y 产生影响的中介。

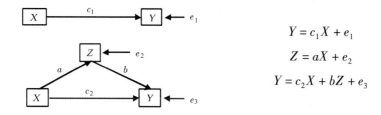

$$Y = c_1 X + e_1$$

$$Z = aX + e_2$$

$$Y = c_2 X + bZ + e_3$$

图 5 - 1　中介效应作用原理

关于中介效应的检验方法，最常用的是 Baron 和 Kenny（1986）所采用的因果步骤（causal steps）分析法，即：（1）检验 $X{\rightarrow}Y$ 的总效应（途径 c_1）；（2）分别检验 $X{\rightarrow}Z$、$Z{\rightarrow}Y$ 的影响效应（途径 a 和途径 b）；（3）在控制中介变量 Z 时，检查 $X{\rightarrow}Y$ 的影响效应（途径 c_2），若 c_2 不显著或明显减小了，则表示中介变量 Z 具有显著作用。但越来越多的学者逐渐质疑这种方法，认为其检验程序有待商榷（芦谢峰和韩立敏，2007），并逐渐开始研究新的中介效应分析方法，尤其是温忠麟（2004）在系统分析和辨析各种中介分析方法的基础上，对中介效应的检验流程进行相应修改与完善，且当前被视为更准确的、具有更强检验力的中介效应检验方法。其检验步骤是：（1）检验 $X{\rightarrow}Y$ 的直接影响效应。若 c_1 显著，则按中介效应理论；否则按遮掩效应理论。（2）依次检验 $X{\rightarrow}Z$、$Z{\rightarrow}Y$ 的影响效应。若 a 和 b 均显著，表示间接效应显著，转到（4）；若 a 和 b 至少一个不显著，进行（3）。（3）用 Bootstrapping 法直接检验 H_0：$ab = 0$。如果显著，则间接效应显著，继续进行（4）；否则间接效应不显著，停止分析。（4）在控制中介变量 Z 时，检验检查 $X{\rightarrow}Y$ 的影响效应。若 c_2 不显著，表示直接效应不显著，是完全中介；否则直接效应显著，进行（5）。（5）比较 ab 与 c_2 的符号，若同号，表示部分中介效应成立，中介效应占总效应的比例是 ab/c_1；若异号，属于遮掩效应，间接效应与直接效应的比例是 ab/c_2。

六　调节效应检验

调节变量是指能够影响自变量与因变量之间关系方向（正或负）

或强度（强或弱）的定性或定量变量，即当自变量 X 与因变量 Y 之间关系是变量 M 的函数，则称 M 为调节变量（温忠麟等，2005）。从统计学上看，当调节变量 M 和自变量 X 的交互项对因变量的影响呈显著时，调节变量 M 即存在。调节效应即是指变量 X 与 Y 间的因果关系会因为变量 M 的作用而改变，可以说调节变量界定了自变量和因变量之间关系的边界条件，具体阐释了不同情况下，变量之间的关系有何不同。调节变量 M 的作用原理如图 5 - 2 所示。

关于调节效应的检验方法，通常采用多元调节回归分析（陈晓萍等，2008）。调节效应检验与自变量和调节变量的变量类型相关。具体原理与方法是：（1）在自变量 X 和调节变量 M 都是类别变量的情况下，适合采用方差分析方法。通过检验 X 和 M 的交互效应是否显著来判定调节效应是否存在，X 和 M 对因变量 Y 的影响作用是否显著与调节效应存在与否没有必然的关联。（2）当调节变量或自变量中的一个是类别变量，采用分组回归分析，用虚拟变量取代类别变量，并中心化处理连续变量（即用这个变量中的每个数值间距均值或使用 Z 分数），进一步用 X 和 M 的乘积作为二者的交互项，依次将 X、M 以及 X 和 M 的交互项纳入回归模型中检验交互作用，若得到的乘积项的标准化回归系数显著，则表示调节作用存在，否则就意味着调节作用不显著。

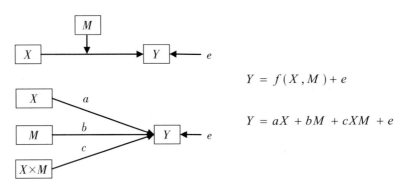

$$Y = f(X, M) + e$$

$$Y = aX + bM + cXM + e$$

图 5 - 2　调节效应及检验基本原理

需要说明的是，尽管此处将调节模型转化为交互模型，是因为它们在统计上的分析原理相似，但从概念上来说，它们之间是有区别的，交互效应中并不区分自变量和调节变量，这是因为两者在解释因变量时的地位与重要性均是相同的，且均能够作为自变量和调节变量来阐明，但在调节效应的分析中，自变量与调节变量是明确界定的，二者坚决不能互换（刘军，2008）。

第六章　实证分析与结果

　　根据研究设计，基于所收集的样本数据，本章重点是通过实证研究检验概念模型与研究假设，期望进一步厘清企业供应商网络化行为在供应商创新性利用中是如何发挥作用的。主要工作包括：（1）对大样本问卷调查所收集的实际数据进行质量分析，以保证其用于解释与检验理论模型具有可靠性，具体涉及变量的描述性统计与相关性分析、共同方法偏差检验以及信度分析、效度分析；（2）采用多元层次回归分析模型检验各变量间的关系，并按照调节效应和中介效应检验步骤对相关变量的调节作用与中介作用进行分析检验；（3）对相关研究结果进行讨论。

第一节　数据质量分析

一　描述性统计与相关性分析

　　表6-1和表6-2为描述性统计分析结果和变量间的 Pearson 相关系数，均值体现了各个变量在企业实践中的实施水平，标准差体现了变量实施水平在各个企业中的差异大小，而 Pearson 相关系数则初步反映了两个连续变量之间线性关联情形的状况，体现变量间相互作用的可能性。

　　从表6-1可以看出，由于调查问卷采用5级李克特量表，各个变量的均值大于数值3.5，这意味着各个变量在企业实际管理中普遍存在，且能够较好地反映企业管理实际工作。分析表6-2中的 Pearson 相关系数可以发现，供应商创新性与供应商创新贡献之间的相关系数为 0.494，$p < 0.01$，表明两者间呈显著的正相关关系；企业供应商网络化行为与供应商嵌入性、企业网络权力、供应商资源分配偏好之间的相关系数分别为 0.330（$p < 0.01$）、0.522（$p < 0.01$）、0.396（$p < 0.01$），表明企业供应商网络化行为分别与供应商嵌入性、企业网络权力、供应商资源分配偏好呈显著的正相关关系；供应商资源分配偏好与供应商创新贡献之间的相关系数为 0.200（$p < 0.01$），表明供应商资源分配偏好之间存在显著的正相关关系，该分析结果表明，部分研究假设得到了初步验证。

表 6 – 1　　　　　　　　　　研究变量的描述性统计

变量	英文代码	均值	标准差
企业供应商网络化行为	FSNB	4.096	0.610
供应商嵌入性	SSE	3.880	0.675
企业网络权力	FNP	4.186	0.607
供应商资源分配偏好	SRP	3.887	0.776
供应商创新性	SI	4.033	0.598
供应商创新贡献	SC	3.904	0.631

表 6 – 2　　　　　　　　　　变量间的相关系数

变量	FSNB	SSE	FNP	SRP	SI	SC
FSNB	1.000	—	—	—	—	—
SSE	0.330 **	1.000	—	—	—	—
FNP	0.522 **	0.220 **	1.000	—	—	—
SRP	0.396 **	0.397 **	0.393 **	1.000	—	—
SI	0.466 **	0.231 **	0.344 **	0.419 **	1.000	—
SC	0.255 **	0.162 **	0.179 **	0.200 **	0.494 **	1.000

注：$N = 414$；$**$ 表示 $p < 0.01$，即在 0.01 水平上显著。

二　共同方法偏差检验

在问卷调查过程中，因被试者的自我报告偏差、项目特征、项目语境和测量环境等会造成的自变量与因变量之间的人为共变，即存在共同方法偏差问题。为了防止存在人为造成的变量间虚假关系，有必要借助统计方法进行检验与控制。依照前文介绍的 Harman 单因素检验法，运用 SPSS 统计分析软件进行探索性因素分析，观察是否存在某个因素能够解释众多因素的绝大部分的共同方差，若存在，即显示存在共同方法偏差问题，反之亦然。结果表明，样本数据的 KMO 值大于 0.700，且 Bartlett 球形检验结果显示达到显著性水平（见表 6-3），表明数据符合做因子分析的基本要求；进一步做主成分分析，共析出 9 个因子，且析出的因子中第一个因子的特征值 16.992，只解释了总方差的 30.343%，小于 50%，说明样本数据不存在严重的共同方法偏差，可用于进一步的实证检验。

表 6-3　　　　　　　　　　KMO 与 Bartlett 检验

检验指数		验证结果
Kaiser-Meyer-Olkin 取样适切性量数		0.927
Bartlett 球形检验	近似卡方分布 χ^2	14907.834
	自由度 df	1540
	显著性 Sig.	0.000

三　信度分析

利用 SPSS 统计分析工具对各变量的信度进行分析与检验。依照前文数据分析方法部分介绍方法，内部一致性水平通过 Cronbach's α 系数和 CR 值来判定，当 Cronbach's α 系数大于 0.7，CR 值大于 0.6 时，即表明信度达到可接受水平。各变量量表和整体量表的信度检验结果见表 6-4，各变量的 Cronbach's α 系数介于 0.737—0.954 之间，均符合大于 0.7 的信度可靠标准，CR 值介于 0.7398—0.9137 之间，均符合大于 0.6 的信度可靠标准，表明信度可靠，此外，整体量表的 Cronbach's α 系数为 0.956，也显示了量表具有较高的内部一致性和稳定性。

表 6 - 4

信度分析

变 量		Cronbach's α	整体量表 Cronbach's α	组合信度 （CR）	
企业供应商网络化行为	供应商网络开发	0.877		0.8777	
	供应商网络调适	0.925	0.954	0.9290	0.8625
	供应商网络整合	0.929		0.9260	
供应商嵌入性	结构嵌入	0.737		0.7398	
	关系嵌入	0.819	0.852	0.8197	0.8763
	认知嵌入	0.797		0.7977	
企业网络权力		0.873	0.873	0.8777	
供应商资源分配偏好		0.902	0.902	0.9025	
供应商创新惰性		0.912	0.912	0.9137	
供应商创新贡献		0.801	0.801	0.8061	

全量表 Cronbach's α 为 0.956

四 效度分析

效度检验主要包括内容效度、聚合效度和区分效度三方面评估。内容效度反映量表本身内容范围与广度的适切程度。规范且适用性较强的理论依据和专家认定是保证内容效度的重要条件。企业供应商网络化行为量表的开发严格遵循扎根理论与测量量表的开发程序，并得到实证检验，其余各变量量表的设计均借鉴已有类似情境中研究的成熟量表，且经专家学者审核和预测试检验，这些设计均能保证测量量表具有较高的内容效度。

聚合效度大多采用验证性因子分析的方法，以测量模型与数据的拟合程度、测量题项的标准化载荷和平均方差抽取量（AVE）共同判断测量量表的聚合水平。一般来说，测量模型与数据的拟合程度越高、测量题项的标准化载荷值和 AVE 值超过 0.500 临界值，显示聚合效度越好。

区分效度大多采用 AVE 值的平方根与两个因子间标准化相关系数的比较结果判定。当变量的 AVE 平方根超过该变量与其他变量相关系数的绝对值时，显示各变量之间的区分效度较好。

1. 企业供应商网络化行为效度分析

依据第三章研究结果，企业供应商网络化行为包含供应商网络开发、供应商网络调适和供应商网络整合三个维度。企业供应商网络化行为量表的验证性因子分析结果如表 6-5 和表 6-6 所示。表 6-5 为企业供应商网络化行为验证性因子分析中测量模型的拟合结果，分析得出：卡方自由度比值 $\chi^2/\mathrm{d}f$ 为 1.102，处于拟合良好的 1—3 取值范围，且未达到显著性水平（$p = 0.064 > 0.05$），即接受虚无假设，表明模型与样本数据拟合程度良好。其余测量模型拟合参数值 GFI、NFI、CF 和 RMSEA 分别为 0.911、0.931、0.993 和 0.016，均达到理想数值，可初步证实企业供应商网络化行为测量模型与样本数据拟合程度良好。

表 6-6 为企业供应商网络化行为量表验证性因子分析中得到的标准化载荷、t 值以及计算得出的平均方差抽取量（AVE）。结果表明，企业供应商网络化行为各维度题项的因子载荷值为 0.611—0.851，均大于 0.500 的接受值，且达到显著性水平；AVE 取值为 0.5034—0.6767，均大于 0.500。因此结合模型拟合结果和标准化载荷、t 值和

AVE 值，可得出企业供应商网络化行为量表具有良好的聚合效度。

表 6 - 5 **模型拟合结果**

拟合统计量	简约拟合指数	绝对拟合指数			增值拟合指数	
	$\chi^2/\mathrm{d}f$	p	GFI	RMSEA	NFI	CFI
检验结果	1.102	0.064	0.911	0.016	0.931	0.993
拟合标准	1—3	>0.05（不显著）	>0.900	<0.05，拟合良好 <0.08，拟合合理	>0.900	>0.900

表 6 - 6 **验证性因子分析结果**

研究变量	维度	题项	标准化载荷	t 值	AVE	
企业供应商网络化行为	供应商网络开发（SND）	SND1	0.703	—	0.5070	
		SND2	0.719	13.516***		
		SND3	0.717	13.490***		
		SND4	0.740	13.896***		
		SND5	0.726	13.643***		
		SND6	0.754	14.145***		
		SND7	0.617	11.672***		
	供应商网络调适（SNA）	SNA1	0.690	—	0.5034	0.6767
		SNA2	0.683	13.074***		
		SNA3	0.632	12.143***		
		SNA4	0.612	11.788***		
		SNA5	0.665	12.744***		
		SNA6	0.729	13.907***		
		SNA7	0.724	13.814***		
		SNA8	0.767	14.585***		
		SNA9	0.611	11.767***		
		SNA10	0.776	14.738***		
		SNA11	0.761	14.477***		
		SNA12	0.770	14.632***		
		SNA13	0.771	14.657***		
	供应商网络整合（SNI）	SNI1	0.617	—	0.5116	
		SNI2	0.713	12.134***		
		SNI3	0.729	12.335***		
		SNI4	0.736	12.419***		
		SNI5	0.705	12.026***		
		SNI6	0.761	12.729***		
		SNI7	0.726	12.300***		
		SNI8	0.713	12.135***		
		SNI9	0.790	13.074***		
		SNI10	0.734	12.401***		
		SNI11	0.723	12.256***		
		SNI12	0.616	10.829***		

注：*** 表示 $p < 0.001$，即达到 0.001 显著水平。

表6-7为企业供应商网络化行为量表的区分效度检验结果，通过比较发现，各个因子与其他因子之间相关系数均小于该因子 AVE 的算术平方根，表明企业供应商网络化行为量表具有良好的区分效度。

表6-7 区分效度检验结果

维度	SND	SNA	SNI
SND	(0.712)	—	—
SNA	0.617**	(0.710)	—
SNI	0.622**	0.600**	(0.715)

注：** 表示 $p < 0.01$ 上显著；对角线上的数值是各因子 AVE 平方根，加括号表示。

2. 供应商嵌入性分析

供应商嵌入性包含结构嵌入、关系嵌入和认知嵌入三个维度。供应商嵌入性量表的验证性因子分析结果如表6-8和表6-9所示。表6-8为供应商嵌入性验证性因子分析中测量模型的拟合结果，分析得出：卡方自由度比值 $\chi^2/\mathrm{d}f$ 为 1.528，处于拟合良好的1—3取值范围，且未达到显著性水平（$p = 0.164 > 0.05$），即接受虚无假设，表明模型与样本数据拟合程度良好。其余测量模型拟合参数值 GFI、NFI、CFI 和 RMSEA 分别为 0.993、0.991、0.997 和 0.036，均达到理想数值，可初步证实供应商嵌入性测量模型与样本数据拟合程度良好。

表6-8 模型拟合结果

拟合统计量	简约拟合指数	绝对拟合指数			增值拟合指数	
	$\chi^2/\mathrm{d}f$	p	GFI	RMSEA	NFI	CFI
检验结果	1.528	0.164	0.993	0.036	0.991	0.997
拟合标准	1—3	>0.05（不显著）	>0.900	<0.05，拟合良好 <0.08，拟合合理	>0.900	>0.900

表6-9为供应商嵌入性量表验证性因子分析中得到的标准化载荷、t 值以及计算得出的平均方差抽取量（AVE）。结果表明，供应商

嵌入性各维度题项的因子载荷值为 0.722—0.879，均大于 0.500 的接受值，且达到显著性水平；AVE 取值为 0.5879—0.703，均大于 0.500。因此，结合模型拟合结果和标准化载荷、t 值和 AVE 值，可得出供应商嵌入性量表具有良好的聚合效度。

表 6 – 9　　　　　　　　　　验证性因子分析结果

研究变量	维度	题项	标准化载荷		t 值		AVE	
供应商嵌入性	结构嵌入（SE）	SE1 SE2	0.722 0.809	0.879	— 12.489***	—	0.5879	0.703
	关系嵌入（RE）	RE1 RE2	0.861 0.805	0.777	14.342***	9.753***	0.6947	
	认知嵌入（CE）	CE1 CE2	0.823 0.806	0.856	14.481***	9.702***	0.6635	

注：*** 表示 $p < 0.001$，即达到 0.001 显著水平。

表 6 – 10 为供应商嵌入性量表的区分效度检验结果，通过比较发现，各个因子与其他因子之间相关系数均小于该因子 AVE 的算术平方根，可得出供应商嵌入性量表具有良好的区分效度。

表 6 – 10　　　　　　　　　　区分效度检验结果

维度	SE	RE	CE
SE	(0.767)	—	—
RE	0.529**	(0.833)	—
CE	0.578**	0.540**	(0.815)

注：** 表示 $p < 0.01$ 上显著；对角线上的数值是各因子 AVE 平方根，加括号表示。

3. 企业网络权力效度分析

企业网络权力量表的验证性因子分析结果如表 6 – 11 和表 6 – 12 所示。表 6 – 11 为企业网络权力验证性因子分析中测量模型的拟合结果，分析得出：卡方自由度比值 χ^2/df 为 1.848，处于拟合良好的 1—3 取值范围，且未达到显著性水平（$p = 0.158 > 0.05$），即接受虚无假设，表明模型与样本数据拟合程度良好。其余测量模型拟合参数值 GFI、NFI、CFI 和 RMSEA 分别为 0.995、0.996、0.998 和 0.045，均达到理想数值，可初步证实企业网络权力测量模型与样本数据拟合程度良好。

表6-11   模型拟合结果

拟合统计量	简约拟合指数	绝对拟合指数			增值拟合指数	
	χ^2/df	p	GFI	RMSEA	NFI	CFI
检验结果	1.848	0.158	0.995	0.045	0.996	0.998
拟合标准	1—3	>0.05（不显著）	>0.900	<0.05，拟合良好 <0.08，拟合合理	>0.900	>0.900

表6-12 为企业网络权力量表验证性因子分析中得到的标准化载荷、t 值以及计算得出的平均方差抽取量（AVE）。结果表明，企业网络权力各题项的因子载荷值为 0.741—0.850，均大于 0.500 的接受值，且达到显著性水平；AVE 取值为 0.6427，大于 0.500。因此，结合模型拟合结果和标准化载荷、t 值和 AVE 值，可得出企业网络权力量表具有良好的聚合效度。

表6-12   验证性因子分析结果

研究变量	题项	标准化载荷	t 值	AVE
企业网络权力	FNP1	0.804	—	0.6427
	FNP2	0.808	17.429 ***	
	FNP3	0.741	15.729 ***	
	FNP4	0.850	18.343 ***	

注：*** 表示 $p < 0.001$，即达到 0.001 显著水平。

4. 供应商资源分配偏好效度分析

供应商资源分配偏好量表的验证性因子分析结果如表6-13 和表6-14 所示。表6-13 为供应商资源分配偏好验证性因子分析中测量模型的拟合结果，分析得出卡方自由度比值 χ^2/df 为 1.782，处于拟合良好的 1—3 取值范围，且未达到显著性水平（$p = 0.113 > 0.05$），即接受虚无假设，表明模型与样本数据拟合程度良好。其余测量模型拟合参数值 GFI、NFI、CFI 和 RMSEA 分别为 0.991、0.993、0.997 和 0.044，均达到理想数值，可初步证实供应商资源分配偏好测量模型与样本数据拟合程度良好。

表 6 – 13　　　　　　　　模型拟合结果

拟合统计量	简约拟合指数	绝对拟合指数			增值拟合指数	
	χ^2/df	p	GFI	RMSEA	NFI	CFI
检验结果	1.782	0.113	0.991	0.044	0.993	0.997
拟合标准	1—3	> 0.05（不显著）	> 0.900	< 0.05，拟合良好　< 0.08，拟合合理	> 0.900	> 0.900

表 6 – 14 为供应商资源分配偏好量表验证性因子分析中得到的标准化载荷、t 值以及计算得出的平均方差抽取量（AVE）。结果表明，供应商资源分配偏好各题项的因子载荷值为 0.730—0.893，均大于 0.500 的接受值，且达到显著性水平；AVE 取值为 0.6508，大于 0.500。因此，结合模型拟合结果和标准化载荷、t 值和 AVE 值，可得出供应商资源分配偏好量表具有良好的聚合效度。

表 6 – 14　　　　　　　　验证性因子分析结果

研究变量	题项	标准化载荷	t 值	AVE
供应商资源分配偏好	SRP1	0.804	—	0.6508
	SRP2	0.856	19.784 ***	
	SRP3	0.730	16.071 ***	
	SRP4	0.893	20.830 ***	
	SRP5	0.738	16.272 ***	

注：*** 表示 $p < 0.001$，即达到 0.001 显著水平。

5. 供应商创新性效度分析

供应商创新性的验证性因子分析结果如表 6 – 15 和表 6 – 16 所示。表 6 – 15 为供应商创新性验证性因子分析中测量模型的拟合结果，分析得出卡方自由度比值 $\chi^2/\mathrm{d}f$ 为 1.852，处于拟合良好的 1—3 取值范围，且未达到显著性水平（$p=0.099>0.05$），即接受虚无假设，表明模型与样本数据拟合程度良好。其余测量模型拟合参数值 GFI、NFI、CFI 和 RMSEA 分别为 0.991、0.993、0.997 和 0.045，均达到理想数值，可初步证实供应商创新性测量模型与样本数据拟合程度良好。

表 6 - 15 模型拟合结果

拟合统计量	简约拟合指数		绝对拟合指数		增值拟合指数	
	$\chi^2/\mathrm{d}f$	p	GFI	RMSEA	NFI	CFI
检验结果	1.852	0.099	0.991	0.045	0.993	0.997
拟合标准	1—3	>0.05（不显著）	>0.900	<0.05，拟合良好 <0.08，拟合合理	>0.900	>0.900

表 6 - 16 为供应商创新性量表验证性因子分析中得到的标准化载荷、t 值以及计算得出的平均方差抽取量（AVE）。结果表明，供应商创新性各题项因子载荷值为 0.797—0.910，均大于 0.500 的接受值，且达到显著性水平；AVE 取值为 0.6799，大于 0.500。因此，结合模型拟合结果和标准化载荷、t 值和 AVE 值，可得出供应商创新性量表具有良好的聚合效度。

表 6 - 16 验证性因子分析结果

研究变量	题项	标准化载荷	t 值	AVE
供应商创新性	SI1	0.910	—	0.6799
	SI2	0.797	21.277 ***	
	SI3	0.798	21.293 ***	
	SI4	0.801	21.474 ***	
	SI5	0.811	21.966 ***	

注：*** 表示 $p<0.001$，即达到 0.001 显著水平。

6. 供应商创新贡献效度分析

供应商创新贡献的验证性因子分析结果如表 6 - 17 和表 6 - 18 所

示。表 6-17 为供应商创新贡献验证性因子分析中测量模型的拟合结果，分析得出卡方自由度比值 χ^2/df 为 1.328，处于拟合良好的 1—3 取值范围，且未达到显著性水平（$p = 0.265 > 0.05$），即接受虚无假设，表明模型与样本数据拟合程度良好。而其余测量模型拟合参数值 GFI、NFI、CFI 和 RMSEA 均达到理想数值，可初步证实供应商创新贡献测量模型与样本数据拟合程度良好。

表 6-17 模型拟合结果

拟合统计量	简约拟合指数	绝对拟合指数			增值拟合指数	
	χ^2/df	p	GFI	RMSEA	NFI	CFI
检验结果	1.328	0.265	0.997	0.028	0.998	0.999
拟合标准	1—3	>0.05（不显著）	>0.900	<0.05，拟合良好 <0.08，拟合合理	>0.900	>0.900

表 6-18 为供应商创新贡献量表验证性因子分析中得到的标准化载荷、t 值以及计算得出的平均方差抽取量（AVE）。结果表明，供应商创新贡献各题项的因子载荷值为 0.613—0.837，均大于 0.500 的接受值，且达到显著性水平；AVE 取值为 0.5128，大于 0.500。因此，结合模型拟合结果和标准化载荷、t 值和 AVE 值，可得出供应商创新贡献量表具有良好的聚合效度。

表 6-18 验证性因子分析结果

研究变量	题项	标准化载荷	t 值	AVE
供应商创新贡献	SC1	0.680	—	0.5128
	SC2	0.716	12.074***	
	SC3	0.613	10.629***	
	SC4	0.837	12.874***	

注：*** 表示 $p < 0.001$，即达到 0.001 显著水平。

7. 整体测量模型效度分析

表 6-19 为所有变量量表的区分效度检验结果，通过比较发现，

各个因子与其他因子之间相关系数均小于该因子 AVE 的算术平方根，可得出各变量测量量表具有良好的区分效度。

表 6 - 19　　　　　　　　　整体量表区分效度检验结果

研究变量		FSNB	SSE	FNP	SRP	SI	SC
FSNB	企业供应商网络化行为	(0.823)	—	—	—	—	—
SSE	供应商嵌入性	0.330**	(0.838)	—	—	—	—
FNP	企业网络权力	0.522**	0.220**	(0.802)	—	—	—
SRP	供应商资源分配偏好	0.396**	0.397**	0.393**	(0.807)	—	—
SI	供应商创新性	0.466**	0.231**	0.344**	0.419**	(0.825)	—
SC	供应商创新贡献	0.255**	0.162**	0.179**	0.200**	0.494**	(0.716)

注：** 表示 $p < 0.01$ 上显著；对角线上的数值是各因子 AVE 平方根，加括号表示。

综合以上内容效度、聚合效度和区分效度的分析检验结果得出，理论模型所涉及的各个变量的测量量表均具有良好的效度，可进一步用于假设检验。

第二节　假设检验

基于第四章提出的概念模型，对研究假设进行检验。由于需要同时考虑多个自变量对因变量的影响，因此采用多元回归模型。同时选取层级回归分析进行研究假设检验，以规避多重共线性造成研究成果的不准确。对于多个题项测量的变量，采用题项得分的平均数作为该变量得分，且对企业供应商网络化行为、供应商创新性、供应商资源分配偏好、企业网络权力、供应商嵌入性变量进行中心化处理，并基于 SPSS 18.0 统计分析软件实现验证过程。

一　直接效应与调节效应检验

1. 控制变量直接效应检验

公式（6-1）和公式（6-2）分别描述控制变量地理距离和关系长度对因变量供应商创新贡献及控制变量关系长度和供应商规模对因变

量供应商创新性的影响效应线性回归模型，其中 SC 代表供应商创新贡献，SI 代表供应商创新性，GD 代表地理距离，RL 代表关系长度，SS 代表供应商规模，α 为常数项，β_1—β_2 为回归系数，ε 为残差项。

$$SC = \alpha + \beta_1 GD + \beta_2 RL + \varepsilon \tag{6-1}$$

$$SI = \alpha + \beta_1 RL + \beta_2 SS + \varepsilon \tag{6-2}$$

具体检验步骤为：以供应商创新贡献和供应商创新性为因变量，分别构建模型 M1 和模型 M8，模型 M1 和模型 M8 分别为只加入两个控制变量的基准模型，其中 M1 加入地理距离和关系长度，M8 加入关系长度和供应商规模，考虑控制变量分别对供应商创新贡献和供应商创新性的影响。表 6 - 20 和表 6 - 21 给出了回归模型结果。

表 6 - 20　　　　　　　　　回归模型结果

变量	供应商创新贡献（SC）						
	M1	M2	M3	M4	M5	M6	M7
地理距离	- 0.174 *** (- 3.567)	- 0.088 * (- 2.020)	- 0.156 ** (- 3.242)	- 0.174 *** (- 3.631)	- 0.171 *** (- 3.542)	- 0.079 (- 1.822)	- 0.085 (- 1.953)
关系长度	0.116 * (2.380)	0.044 (1.022)	0.105 * (2.191)	0.098 * (2.022)	0.091 (1.873)	0.039 (0.910)	0.039 (0.901)
供应商创新性 (SI)	—	0.474 *** (10.832)	—	—	—	0.417 *** (8.110)	0.428 *** (8.794)
供应商资源分配 偏好（SRP）	—	—	0.180 *** (3.770)	—	—	- 0.022 (- 0.476)	—
企业网络权力 (FNP)	—	—	—	0.171 *** (3.565)	0.185 *** (3.634)	—	0.026 (0.578)
FNP²	—	—	—	—	0.042 (0.407)	—	—
SI × SRP	—	—	—	—	—	0.149 ** (3.115)	—
SI × FNP	—	—	—	—	—	—	0.121 ** (2.699)
容忍度	≥0.987	≥0.951	≥0.978	≥0.976	≥0.870	≥0.676	≥0.758
VIF	≤1.013	≤1.051	≤1.023	≤1.024	≤1.150	≤1.480	≤1.319
R²	0.039	0.253	0.071	0.068	0.069	0.270	0.266
ΔR²	—	0.214	0.032	0.029	0.001	0.017	0.013
F 值	8.338 ***	46.245 ***	10.474 ***	9.953 ***	7.632 ***	30.244 ***	29.587 ***

注：括号内为 t 值；* 表示 $p < 0.05$，** 表示 $p < 0.01$，*** 表示 $p < 0.001$；M2 - M4 的 ΔR² 值为该模型相对模型 M1 而言，M4 的 ΔR² 值为该模型相对模型 M4 而言，M6 和 M7 的 ΔR² 值为该模型相对模型 M2 而言。

在模型 M1 和 M8 中，F 值分别为 8.338 和 5.760，且在 0.001 和 0.01 水平上显著，说明地理距离和关系长度对供应商创新贡献变异的解释力显著，关系长度和供应商规模对供应商创新性变异的解释力显著，标准化回归系数 β 分别为 -0.174（$p < 0.001$）、0.116（$p = 0.018$）和 0.106（$p = 0.035$）、0.104（$p = 0.037$），表明不同的地理距离和关系长度会影响供应商创新贡献，其中地理距离与供应商创新贡献之间存在显著负向相关关系，关系长度与供应商创新贡献之间存在显著正向相关关系；不同的关系长度和供应商规模会影响供应商创新性，关系长度和供应商规模与供应商创新性之间均存在显著正向相关关系。

2. 供应商创新性利用效应检验

公式（6-3）描述供应商创新性利用效应的线性回归模型，其中 SC 代表供应商创新贡献，SI 代表供应商创新性，GD 代表控制变量地理距离，RL 代表控制变量关系长度，α 为常数项，$\beta_1—\beta_3$ 为回归系数，ε 为残差项。

$$SC = \alpha + \beta_1 GD + \beta_2 RL + \beta_3 SI + \varepsilon \qquad (6-3)$$

具体检验步骤为：以供应商创新贡献为因变量构建模型 M2，M2 在基准模型 M1 基础上加入供应商创新性，以检验供应商创新性对供应商创新贡献的影响作用。表 6-20 给出了层次回归模型结果。

在控制地理距离和关系长度两个变量的前提下，模型 M2 中加入供应商创新性，回归结果显示，F 值为 46.245，在 0.001 的水平上显著，回归模型达到统计上的显著性，且模型 M2 比 M1 的 R^2 显著增加 0.214，表示供应商创新性对供应商创新贡献有正向影响，并达到了显著水平，标准化回归系数 $\beta = 0.474$，$p < 0.001$，即供应商越具创新性，其对企业创新做出的贡献越多，假设 H_1 得到验证。

3. 供应商资源分配偏好与供应商创新贡献间关系检验

公式（6-4）描述供应商资源分配偏好对供应商创新贡献直接效应的线性回归模型，其中 SC 代表供应商创新贡献，SRP 代表供应商资源分配偏好，GD 代表控制变量地理距离，RL 代表控制变量关系长度，α 为常数项，$\beta_1—\beta_3$ 为回归系数，ε 为残差项。

$$SC = \alpha + \beta_1 GD + \beta_2 RL + \beta_3 SRP + \varepsilon \tag{6-4}$$

具体检验步骤为：以供应商创新贡献为因变量构建模型 M3，M3 在基准模型 M1 基础上加入供应商资源分配偏好，以检验供应商资源分配偏好对供应商创新贡献的影响作用。表 6-20 给出了层次回归模型结果。

在控制地理距离和关系长度两个变量的前提下，模型 M3 中加入供应商资源分配偏好，回归结果显示，F 值为 10.474，在 0.001 的水平上显著，回归模型达到统计上的显著性，且模型 M3 比模型 M1 的 R^2 显著增加 0.032，表示供应商资源分配偏好对供应商创新贡献有正向影响，并达到了显著水平，标准化回归系数 $\beta = 0.180$，$p < 0.001$，即供应商对企业优先分配资源的倾向越大，其对企业创新做出的贡献越多，假设 H_{9a} 得到支持。

4. 企业网络权力与供应商创新贡献间关系检验

公式（6-5）和公式（6-6）描述企业网络权力对供应商创新贡献直接效应的线性回归模型，其中 SC 代表供应商创新贡献，FNP 代表企业网络权力，FNP^2 代表企业网络权力的平方项，GD 代表控制变量地理距离，RL 代表控制变量关系长度，α 为常数项，β_1—β_4 为回归系数，ε 为残差项。

$$SC = \alpha + \beta_1 GD + \beta_2 RL + \beta_3 FNP + \varepsilon \tag{6-5}$$

$$SC = \alpha + \beta_1 GD + \beta_2 RL + \beta_3 FNP + \beta_4 FNP^2 + \varepsilon \tag{6-6}$$

具体检验步骤为：以供应商创新贡献为因变量分别构建模型 M4 和 M5，M4 在基准模型 M1 基础上加入企业网络权力，M5 在模型 M4 基础上加入企业网络权力的平方项，以检验企业网络权力对供应商创新贡献的影响作用。表 6-20 给出了层次回归模型结果。

在控制地理距离和关系长度两个变量的前提下，模型 M4、M5 中分别加入企业网络权力和企业网络权力的平方项，回归结果显示，模型 M4 和 M5 的 F 值分别为 9.953 和 7.632，在 0.001 的水平上显著，回归模型达到统计上的显著性，且模型 M4 比 M1 的 R^2 显著增加 0.029，模型 M5 比 M4 的 R^2 增加了 0.001，表示企业网络权力对供应商创新贡献有显著的正向影响（$\beta = 0.171$，$p < 0.001$），企业网络权

力平方项对供应商创新贡献有正向影响（$\beta = 0.042$，$p = 0.407$），但未达到统计上的显著性，说明企业网络权力与供应商创新贡献间不存在阈值效应，即企业网络权力越大，越有助于促进供应商创新贡献，假设 H_{5a} 得到部分支持。

5. 供应商资源分配偏好调节效应检验

公式（6 - 7）描述供应商资源分配偏好调节效应的线性回归模型，其中 SC 代表供应商创新贡献，SI 代表供应商创新性，SRP 代表供应商资源分配偏好，SI × SRP 代表供应商创新性与供应商资源分配偏好的交互项，GD 代表控制变量地理距离，RL 代表控制变量关系长度，α 为常数项，β_1—β_5 为回归系数，ε 为残差项。

$$SC = \alpha + \beta_1 GD + \beta_2 RL + \beta_3 SI + \beta_4 SRP + \beta_5 SI \times SRP + \varepsilon \qquad (6 - 7)$$

具体检验步骤为：以供应商创新贡献为因变量构建模型 M6，M6在模型 M2 基础上加入供应商资源分配偏好以及供应商创新性与供应商资源分配偏好的交互性，检验供应商资源分配偏好在供应商创新性与供应商创新贡献间关系的调节作用，表 6 - 20 给出了层次回归模型结果。

在 M2 的基础上，模型 M6 加入供应商资源分配偏好和供应商创新性与供应商资源分配偏好的交互项，回归结果显示，F 值为30. 244，在 0. 001 的水平上显著，回归模型达到统计上的显著性，供应商创新性与供应商资源分配偏好的交互项与供应商创新贡献显著正相关，$\beta = 0.149$，$p = 0.002$，且模型 M6 比 M2 的 R^2 显著增加 0. 017，表明供应商资源分配偏好在供应商创新性与供应商创新贡献之间具有正向调节效应，假设 H_{9b} 得到验证。

6. 企业网络权力调节效应检验

公式（6 - 8）描述企业网络权力调节效应的线性回归模型，其中SC 代表供应商创新贡献，SI 代表供应商创新性，FNP 代表企业网络权力，SI × FNP 代表供应商创新性与企业网络权力的交互项，GD 代表控制变量地理距离，RL 代表控制变量关系长度，α 为常数项，β_1—β_5 为回归系数，ε 为残差项。

$$SC = \alpha + \beta_1 GD + \beta_2 RL + \beta_3 SI + \beta_4 FNP + \beta_5 SI \times FNP + \varepsilon \qquad (6 - 8)$$

具体检验步骤为：以供应商创新贡献为因变量构建模型 M7，M7
在模型 M2 基础上加入企业网络权力以及供应商创新性与企业网络权
力的交互性，检验企业网络权力在供应商创新性与供应商创新贡献间
关系的调节作用，表 6－20 给出了层次回归模型结果。

类似地，在 M2 的基础上，模型 M7 加入企业网络权力和供应商
创新性与企业网络权力的交互项，回归结果显示，F 值为 29.587，在
0.001 的水平上显著，回归模型达到统计上的显著性，供应商创新性
与企业网络权力的交互项与供应商创新贡献显著正相关，$\beta = 0.121$，
$p = 0.007$，且模型 M7 比 M2 的 R^2 显著增加 0.013，表明企业网络权
力在供应商创新性与供应商创新贡献之间具有正向调节效应，假设
H_{5b} 得到验证。

为了更清楚地理解供应商资源分配偏好与企业网络权力对供应商
创新性与供应商创新贡献之间关系的调节效应，应用图解程序进行分
析，供应商资源分配偏好与企业网络权力的调节示意图如图 6－1 和
图 6－2 所示。在图 6－1 中，不同供应商资源分配偏好下，供应商创
新性对供应商创新贡献的影响程度不同，在高供应商资源分配偏好
下，供应商创新性对供应商创新贡献的影响程度明显大于供应商资源
分配偏好低水平时的情形。在图 6－2 中，不同企业网络权力下，供
应商创新性对供应商创新贡献的影响程度不同，同样存在于高企业网
络权力下，供应商创新性对供应商创新贡献的影响程度明显大于企业
网络权力低水平时的情形。结合回归模型 M6 和 M7 的分析结果发现，
供应商资源分配偏好与企业网络权力分别对供应商创新性与供应商创
新贡献之间关系具有显著的正向调节效应。

7. 供应商嵌入性与供应商创新性间关系检验

公式（6－9）和公式（6－10）描述供应商嵌入性对供应商创新
性直接效应的线性回归模型，其中 SI 代表供应商创新性，SSE 代表供
应商嵌入性，SSE^2 代表供应商嵌入性的平方项，RL 代表控制变量关
系长度，SS 代表控制变量供应商规模，α 为常数项，β_1—β_4 为回归系
数，ε 为残差项。

$$SI = \alpha + \beta_1 RL + \beta_2 SS + \beta_3 SSE + \varepsilon \qquad (6-9)$$

$$SI = \alpha + \beta_1 RL + \beta_2 SS + \beta_3 SSE + \beta_4 SSE^2 + \varepsilon \qquad (6-10)$$

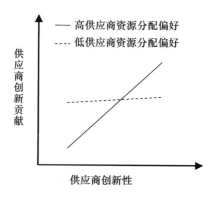

图 6 - 1 供应商资源分配偏好的调节作用

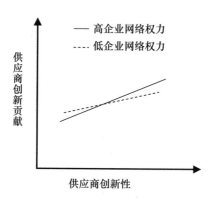

图 6 - 2 企业网络权力的调节作用

具体检验步骤为：以供应商创新性为因变量构建模型 M9 和 M10，M9 在基准模型 M8 基础上加入供应商嵌入性，M10 在模型 M9 基础上加入供应商嵌入性的平方项，检验供应商嵌入性对供应商创新性的影响作用。表 6 - 21 给出了层次回归模型结果。

表 6 - 21   回归模型结果

变量	供应商创新性（SI）		
	M8	M9	M10
关系长度	0.106 * (2.114)	0.109 * (2.227)	0.106 * (2.216)

续表

变量	供应商创新性（SI）		
	M8	M9	M10
供应商规模	0.104 * （2.087）	0.097 * （1.982）	0.078 （1.624）
供应商嵌入性（SSE）	—	0.229 *** （4.823）	0.153 ** （2.984）
SSE^2	—	—	-0.185 *** （-3.588）
容忍度	≥0.945	≥0.944	≥0.820
VIF	≤1.058	≤1.059	≤1.219
R^2	0.027	0.079	0.108
ΔR^2	—	0.052	0.029
F 值	5.760 **	11.803 ***	12.327 ***

注：括号内为 t 值，＊表示 $p < 0.05$；＊＊表示 $p < 0.01$；＊＊＊表示 $p < 0.001$；
ΔR^2 值为该模型相对其前一模型。

在控制关系长度和供应商规模两个变量的前提下，模型 M9、M10 中分别逐步加入供应商嵌入性和供应商嵌入性的平方项，回归结果显示，模型 M9 和 M10 的 F 值分别为 11.803 和 12.327，在 0.001 的水平上显著，回归模型达到统计上的显著性，且模型 M9 比 M8 的 R^2 显著增加 0.052，模型 M10 比 M9 的 R^2 增加了 0.029，表示供应商嵌入性对供应商创新性有显著的正向影响（$\beta = 0.229$，$p < 0.001$），供应商嵌入性平方项对供应商创新性有显著负向影响（$\beta = 0.185$，$p < 0.001$），回归系数方向改变说明供应商嵌入性与供应商创新性间存在阈值效应，即随着供应商在企业供应商网络中嵌入程度越大，其对供应商创新性的影响呈现"先增强后减弱"的倒"U"形曲线关系，如图 6-3 所示，假设 H_3 得到支持。

需要说明的是，在进行层次回归分析时，尤其是加入交互项时，有必要对变量进行多重共线性检验，以判断变量之间是否存在严重的线性相关，从而影响回归结果的正确性。方差膨胀因子（VIF）和容忍度是诊断多重共线性的最常见统计量，一般认为，当 VIF＞5 时，

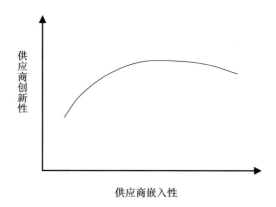

图 6-3　供应商嵌入性对供应商创新性的作用

表示自变量之间就有很高的相关性，当 VIF > 10 时，表示多重共线性将严重威胁参数估计的稳定性；而容忍度 < 0.1 时，表示自变量间多重共线性问题越严重。结合表 6-20 和表 6-21 可知，所有变量的 VIF 均小于 2，未大于评鉴指标值 5，容忍度值均大于 0.8，远远超过评鉴指标 0.1，表明变量间不存在严重的多重共线性问题。

二　中介效应检验

沿用温忠麟等（2004）推荐的步骤检验供应商嵌入性和企业网络权力是否中介企业供应商网络化行为与供应商资源分配偏好的关系，建立基准方程模型和线性回归方程组模型公式（6-11）至公式（6-13），其中 SRP 代表供应商资源分配偏好，SSE 代表供应商嵌入性，FNP 代表企业网络权力，FNP^2 代表企业网络权力的平方项，FSNB 代表企业供应商网络化行为，GD 代表控制变量地理距离，RL 代表控制变量关系长度，α 为常数项，β_1—β_5 为回归系数，ε 为残差项。检验结果见表 6-22。

$$\text{SRP} = \alpha + \beta_1\text{GD} + \beta_2\text{RL} + \varepsilon \qquad (6-11)$$

$$\begin{cases} \text{SRP} = \alpha + \beta_1\text{GD} + \beta_2\text{RL} + \beta_3\text{FSNB} + \varepsilon \\ \text{SSE} = \alpha + \beta_1\text{GD} + \beta_2\text{RL} + \beta_3\text{FSNB} + \varepsilon \\ \text{SRP} = \alpha + \beta_1\text{GD} + \beta_2\text{RL} + \beta_3\text{FSNB} + \beta_4\text{SSE} + \varepsilon \end{cases} \qquad (6-12)$$

$$\begin{cases} \text{SRP} = \alpha + \beta_1 \text{GD} + \beta_2 \text{RL} + \beta_3 \text{FSNB} + \varepsilon \\ \text{FNP} = \alpha + \beta_1 \text{GD} + \beta_2 \text{RL} + \beta_3 \text{FSNB} + \varepsilon \\ \text{SRP} = \alpha + \beta_1 \text{GD} + \beta_2 \text{RL} + \beta_3 \text{FSNB} + \beta_4 \text{FNP} + \beta_5 \text{FNP}^2 + \varepsilon \end{cases} \qquad (6-13)$$

具体步骤与检验结果如下：

第一步，将供应商资源分配偏好作为因变量，地理距离和关系长度控制变量进入回归方程，构建模型 P1；在模型 P1 基础上加入自变量企业供应商网络化行为，构建模型 P2，检验企业供应商网络化行为与供应商资源分配偏好的关系。由模型 P2 可知，企业供应商网络化行为对供应商资源分配偏好有显著的正向影响，$\beta = 0.393$，$p < 0.001$，即企业供应商网络化行为有助于形成供应商对企业的资源分配偏好，假设 H_6 得到验证。

第二步，将供应商嵌入性和企业网络权力分别作为因变量，加入控制变量和自变量企业供应商网络化行为，构建模型 P7 和 P8，检验自变量和两个中介变量间的关系。由模型 P7 和 P8 可知，企业供应商网络化行为对供应商嵌入性有正向影响，并达到了显著性水平，$\beta = 0.331$，$p < 0.001$，即企业供应商网络化行为有助于提升供应商在供应商网络中的嵌入水平，假设 H_2 得到验证；企业供应商网络化行为对企业网络权力有正向影响，并达到了显著性水平，$\beta = 0.518$，$p < 0.001$，即企业供应商网络化行为有助于提高企业的网络权力，假设 H_4 得到验证。

第三步，将供应商资源分配偏好作为因变量，在模型 P1 基础上加入中介变量供应商嵌入性，构建模型 P3，和加入企业网络权力及企业网络权力的平方项，构建模型 P5，检验中介变量与供应商资源分配偏好间的关系。由模型 P3 可知，供应商嵌入性对供应商资源分配偏好有显著的正向影响，$\beta = 0.395$，$p < 0.001$，即供应商嵌入程度程度越高，其越倾向于优先向企业提供关键资源，假设 H_{7a} 得到验证；由模型 P5 可知，企业供应商网络化行为对供应商资源分配偏好有显著的正向影响，$\beta = 0.421$，$p < 0.001$，企业供应商网络化行为的平方项对供应商资源分配偏好有正向影响，但并未达到显著性水平，$\beta = 0.082$，$p = 0.091$，即企业网络权力越大，供应商对企业优先分配资源的倾向越高，假设 H_{8a} 得到部分支持。

第四步，将供应商资源分配偏好作为因变量，控制变量、自变量和中介变量同时进入回归方程，构建模型 P4 和 P6，检验供应商嵌入

表6-22

回归分析结果

变量	供应商资源分配偏好（SRP）						供应商嵌入性（SSE）	企业网络权力（FNP）
	P1	P2	P3	P4	P5	P6	P7	P8
地理距离	-0.097* (-1.969)	-0.087 (-1.912)	-0.089* (-1.967)	-0.083 (-1.927)	-0.092* (-2.020)	-0.091* (-2.069)	-0.012 (-0.245)	0.018 (0.418)
关系长度	0.059 (1.199)	0.035 (0.758)	0.060 (1.319)	0.041 (0.950)	0.006 (0.121)	0.015 (0.348)	-0.022 (-0.477)	0.074 (1.750)
企业供应商网络化行为（FSNB）		0.393*** (8.679)		0.294*** (6.435)		0.259*** (5.036)	0.331*** (7.092)	0.518*** (12.312)
供应商嵌入性（SSE）			0.395*** (8.769)	0.298*** (6.547)				
企业网络权力（FNP）					0.421*** (8.728)	0.258*** (4.990)		
FNP²					0.082 (1.693)			
容忍度	≥0.987	≥0.983	≥0.987	≥0.887	≥0.870	≥0.722	≥0.983	≥0.983
VIF	≤1.013	≤1.017	≤1.013	≤1.127	≤1.150	≤1.386	≤1.017	≤1.017
R^2	0.012	0.165	0.168	0.244	0.170	0.213	0.110	0.278
ΔR^2		0.153	0.156	0.079	0.158	0.048	0.110	0.278
F值	2.422	27.016***	27.542***	33.046***	20.939***	27.669***	16.829***	52.698***

注：括号内为t值，* 表示 $p < 0.05$；** 表示 $p < 0.01$；*** 表示 $p < 0.001$；P2、P3 和 P5 的 ΔR^2 值为该模型相对模型 P1 而言，P4 和 P6 的 ΔR^2 值为该模型相对模型 P2 而言。

性和企业网络权力在企业供应商网络化行为和供应商资源分配偏好之间的中介作用。由模型 P4 可知，供应商嵌入性（$\beta = 0.298$，$p < 0.001$）显著影响供应商资源分配偏好，此时企业供应商网络化行为对供应商资源分配偏好的影响减弱，$\beta = 0.294$，$p < 0.001$，即供应商嵌入性在企业供应商网络化行为与供应商资源分配偏好中起部分中介作用，假设 H_{7b} 成立。同样由模型 P6 可知，企业网络权力（$\beta = 0.258$，$p < 0.001$）显著影响供应商资源分配偏好，此时企业网络化行为对供应商资源分配偏好的影响减弱，$\beta = 0.259$，$p < 0.001$，即企业网络权力在企业供应商网络化行为与供应商资源分配偏好中起部分中介作用，假设 H_{8b} 成立。

采用 Preacher 和 Hayes（2008）推荐的 Bootstrapping 方法进一步检验中介模型。表 6-23 为回归参数的检验结果。企业供应商网络化行为对供应商资源分配偏好（$\beta = 0.307$，$p < 0.001$）、供应商嵌入性（$\beta = 0.330$，$p < 0.001$）和企业网络权力（$\beta = 0.522$，$p < 0.001$）存在显著正向影响，H_6、H_2、H_4 得到验证；供应商嵌入性（$\beta = 0.222$，$p < 0.001$）、企业网络权力（$\beta = 0.184$，$p < 0.001$）对供应商资源分配偏好存在显著正向影响，H_{7a} 得到验证、H_{8a} 部分得到验证。整体模型指标中，$F = 52.429$，$p = 0.000$，表明自变量企业供应商网络化行为通过中介变量供应商创新性和企业网络权力对因变量供应商资源分配偏好的影响达到显著水平。检验结果进一步验证了层次回归分析的结论，增强了结论的稳健性和可靠性。

表 6-23　　　　　　　　　　　回归参数

假设	FSNB			SSE			FNP		
	系数	标准误	t 值	系数	标准误	t 值	系数	标准误	t 值
FSNB→SRP	0.307	0.035	8.760 ***	—	—	—	—	—	—
FSNB→SSE	0.330	0.047	7.097 ***	—	—	—	—	—	—
FSNB→FNP	0.522	0.042	12.414 ***	—	—	—	—	—	—
FSNB、SSE、FNP→SRP	0.138	0.040	3.494 ***	0.222	0.035	6.416 ***	0.184	0.038	4.816 ***
整体模型指标：$R^2 = 0.277$，调整 $R^2 = 0.272$，$F = 52.429$，$df_1 = 3$，$df_2 = 410$，$p = 0.000$									

中介效应的 Bootstrapping 分析结果见表 6-24。企业供应商网络

表 6 - 24　中介效应的 Bootstrapping 分析

间接效应		积差相关系数		Bootstrapping 方法（5000 个样本）						
	点估计	标准误	Z 值	95% 置信空间		偏差矫正 95% 置信空间		偏差矫正与增进 95% 置信空间	
				下限	上限	下限	上限	下限	上限
SSE	0.073	0.016	4.734***	0.042	0.112	0.043	0.113	0.042	0.112
FNP	0.096	0.022	4.477***	0.045	0.141	0.052	0.148	0.051	0.146
合计	0.169	0.029	—	0.111	0.223	0.119	0.231	0.117	0.230
双中介比较	-0.023	0.032	—	-0.081	0.045	-0.087	0.038	-0.086	0.039

化行为对供应商资源分配偏好的总间接效应为 0.073 + 0.096 = 0.169，偏差矫正与增进 95% Bootstrapping 置信区间为 [0.117，0.230]，置信区间不包含 0，拒绝总的间接效应为 0 的虚无假设，表明总的间接效应显著。供应商嵌入性的中介效应为 0.073（Z = 4.734，$p < 0.001$），偏差矫正与增进 95% Bootstrapping 置信区间为 [0.042，0.112]，置信区间不包含 0，表明供应商嵌入性的中介效应显著，H_{7b} 得到验证；企业网络权力的中介效应为 0.096（Z = 4.477，$p < 0.001$），偏差矫正与增进 95% Bootstrapping 置信区间为 [0.051，0.146]，置信区间不包含 0，表明企业网络权力的中介效应显著，H_{8b} 得到验证。此外，供应商嵌入性与企业网络权力对比中介效应的偏差矫正与增进 95% Bootstrapping 置信区间为 [- 0.086，0.039]，置信区间包含 0，因此两者的中介效应没有显著差异，同等重要。

第三节 结果讨论

本章实证结果表明：大样本调查获得的数据质量良好，理论模型中各变量的测量量表具有良好的信度与效度；除假设 H_{5a} 和 H_{8a} 得到部分支持外，其余 11 个研究假设均得到了实证数据的验证（见表 6 - 25），这意味着第四章构建的理论模型和提出的研究假设较为符合企业实际情况。基于以上实证结果，对实证结果的深入分析与讨论，以期得到更具实践指导意义的研究结果。

（1）供应商创新性被证实正向促进供应商对企业的创新贡献（H_1），这与 Pulles 等（2014）、禹文钢和李随成（2016）等学者的研究结论相类似，凸显出供应商创新性在合作创新过程中的重要作用。供应商创新性不仅表现为供应商具备企业所需的卓越的技术/创新能力和其自身对于创新的不断追求，更强调供应商对客户企业创新做贡献的意愿。选择创新型供应商并利用其创新性，对于提升企业创新能力、实现产品创新更为有效。因此要想获取和利用供应商创新资源提升企业创新能力，识别和选择具有创新性的供应商是企业采购与供应商管理中的首要任务。这个研究结论再一次印证了供应商选择在企业供应商整合与利用中的重要角色，有效识别并筛选创新型供应商是企业能够获取供应商创新贡献的重要前提，对于企业产品、工艺与服务创新的实现意义重大。

（2）供应商嵌入性对供应商创新性存在倒"U"形的影响关系（H_3），即供应商创新性水平随供应商嵌入程度加深先增强后减弱，表明供应商适度嵌入供应商网络中对开发与增强供应商创新性是有益的。一方面，适度嵌入供应商网络有助于供应商更便利地接触和获取相关网络资源、学习网络成员创新经验，进而提高供应商整合和利用内、外部资源进行创新的可能性；另一方面，适度嵌入供应商网络有助于培育供应商的集体意识，使其感知到自身归属于供应商网络组织集体这一现实，促使其与供应商网络的引导者（即核心企业）达成合作目标、互惠等方面的认知一致性，与供应商网络的其他成员间互惠协作与帮助，进而提升供应商对企业的合作意愿。因此在供应商网络构建与发展过程中，核心企业应该关注供应商在供应商网络中的嵌入水平，使其在网络中占据较为合适的位置，从而在有效调动供应商资源的同时增强供应商创新性，以保障获取更多的供应商创新贡献。这一研究结论为企业从增强供应商创新性角度来促进供应商创新性的有效利用提供了理论依据和实现途径。

（3）企业网络权力在供应商创新性利用过程中发挥着重要作用，具体来说，企业网络权力不仅对供应商创新贡献有直接的促进作用，还对供应商创新性与供应商创新贡献有正向的调节效应，假设 H_{5a} 得到部分支持、H_{5b} 得到支持。权力在供应商网络中的分布是不均衡的，拥有较大网络权力的核心企业能够通过主动制定供应商网络"游戏规则"，并形成网络中良好的行为模式与规范来影响网络中供应商的决策与行为活动，进而激发和有效获取供应商创新贡献。需要说明的是，尽管大量国外研究显示过度使用网络权力很可能会导致供应商的逃逸与抵抗行为，从而打破供应商网络中权力的严重失衡状态，但本书实证结果中假设 H_{5a} 并没有全部通过检验，显示企业拥有的网络权力越大，越有利于促进供应商对企业产品创新做出贡献。这意味着企业网络权力与供应商创新贡献之间并不存在阈值效应，越大的企业网络权力并未减弱供应商对企业做出创新贡献，其原因可能是在中国情境下，网络权力越强的企业往往会吸引供应商主动与之建立深度的合作关系，这是因为与西方文化的"低权力距离"和"个体主义"不同，中国文化价值观强调"高权力距离"和"集体主义"，一方面，"高权力距离文化"使供应商更易于接受与企业间的高水平权力距离；另一方面，为了保证个体与集体的一致，依赖呈现出一种积极状态（Zhuang and Zhou，2004；张闯和杜楠，2012），供应商会寻求拥有强大网络权力的企业并努力与之维持深度合作以获得大量支持和保护，从而促进自身的长期发展。另外，较强的企业网络权力还能够平衡创新型供应商的知识权力，使双方处于权力均衡状态，并建立共享的网络规范，这有助于促进企业与创新型供应商间的学习和知识扩散，提升合作创新绩效。企业也可以通过对网络中各种资源的控制与支配来实现供应商网络中信息的共享和资源的整合，从而激发供应商将其创新资源高效用于企业创新中。总而言之，提升企业网络权力是获取供应商创新贡献、促进供应商创新性向供应商创新贡献转化的关键。这一研究结论为企业利用供应商创新性提供了行之有效的实践方法。

（4）供应商资源分配偏好在供应商创新性利用过程中也发挥着重要作用，供应商资源分配偏好不仅正向影响供应商创新贡献，还促进供应商创新性向供应商创新贡献的有效转化，假设 H_{9a}、H_{9b} 得到实证验证。供应商资源分配偏好强调相较于其他企业或竞争对手，企业会受到供应商的优待，尤其表现在供应商会将优势与稀缺的技术、知识等资源优先分配给企业，这意味着被供应商视为优先客户的企业将更有机会或更大可能利用供应商创新性和获得供应商创新贡献。一方面，相较于其他企业或竞争对手，供应商对企业的特殊对待会增强或促进供应商针对企业专用的创新倾向，这意味着供应商对企业资源分配的偏好越大，其做出关于企业创新的贡献越多。另一方面，供应商资源分配偏好会形成供应商将其创新性优先应用于企业产品创新的心理倾向，这极大地促进供应商创新性向供应商创新贡献转化。综上，实现供应商资源分配偏好是获取供应商创新资源和有效利用供应商创新性资源的重要途径。

（5）企业供应商网络化行为与供应商资源分配偏好间呈显著的正向影响关系，且供应商嵌入性在企业供应商网络化行为与供应商资源分配分配偏好之间起部分中介作用，假设 H_6、H_2、H_{7a}、H_{7b} 得到实证证实。企业供应商网络化行为凸显企业的个体能动性，强调企业对供应商网络形成、发展与整合的管理行为能够有效动员供应商的资源共享，是创建优于竞争对手的企业资源位置的重要机制。通过供应商网络化行为，企业能够与多个供应商间形成直接或间接的网络联结，供应商网络为企业提供更多获得供应商资源的机会，但供应商对企业的合作意愿并不总是明显的，且供应商网络并不能直接自动地增强供应商的合作意愿及其将关键资源分配给企业的倾向与行为。基于供应商视角，在网络情境下，企业供应商网络化行为发挥促进或提升供应商资源分配偏好的作用条件是供应商适度的网络嵌入，供应商嵌入性体现供应商与企业和网络中其他供应商间的联结状态，它能够有效评估和预测供应商是否愿意传递和共享其关键资源，是企业通过供应商网络化行为获得供应商对企业资源分配偏好的重要途径与方式。通过赋予供应商恰当的嵌入程度，能够提升供应商对企业的合作意愿，对企业占据供应商优先客户地位至关重要，供应商嵌入性有效解释了企业供应商网络化行为对供应商资源分配偏好间关系的内部机理，部分中介了上述二者间的影响关系。因此，企业要获得或赢得供应商资源分配偏好，在有效开展供应商网络化行为的同时，还应注意改善供应商的网络嵌入水平。

（6）企业网络权力在企业供应商网络化行为与供应商资源分配偏好之间起部分中介作用，假设 H_{8a} 部分成立、H_{8b} 得到实证证实。需要说明的是，H_{8a} 并未全部通过检验，结果显示企业网络权力越大，越有利于供应商对企业的资源分配偏好，这意味着与国外相关研究结论不同，企业网络权力与供应商资源分配偏好之间并不存在"阈值"影响关系，越大的企业网络权力并未负向影响供应商对企业的偏好对待，这可能是因为中国情境下，权力是形成依赖的重要前因，供应商为了获得所需且不能轻易得到的关键资源，依赖于占据较强网络权力的核心企业，并将核心企业视为优先客户，对其善意与偏好对待。从企业角度来说，企业对供应商网络形成、发展与整合的管理行为还能够决定自身在网络中的网络权力，占据网络权力的企业往往拥有更大的影响力和更丰富多样的网络资源，更能获得供应商的青睐，企业网络权力是企业供应商网络化行为发挥促进或提升供应商资源分配偏好作用的重要条件。企业网络权力能够控制供应商网络的知识流与信息流，协调和控制网络中供应商的知识创造与整合路径，而有价值知识与信息的共享更易得到供应商的认可与响应，进而赢得供应商对企业在资源方面的偏好对待。企业网络权力能够使企业供应商网络化行为对供应商资源分配偏好的影响得到更充分的应用与体现，在二者间扮演部分中介角色。因此，企业要获得或赢得供应商资源分配偏好，在有效开展供应商网络化行为的同时，还应注意提升自身的网络权力水平。

此外，控制变量的检验证实地理距离、关系长度对供应商创新贡献的正向影响，地理位置对供应商资源分配偏好的正向影响，以及关系长度、供应商规模对供应商创新性的正向影响，说明在合作创新过程中，企业应考虑地理距离、合作长度以及供应商规模等客观要素对供应商创新贡献、供应商嵌入性、企业网络权力及供应商创新性利用效应等的重要影响作用。

表 6 – 25　　　　　　　　　　**假设检验结果汇总**

假设编号	理论关系	检验结果
H_1	供应商创新性对供应商创新贡献有正向影响	支持
H_2	企业供应商网络化行为对供应商嵌入性有正向影响	支持
H_3	供应商嵌入性与供应商创新性呈现倒"U"形关系	支持
H_4	企业供应商网络化行为对企业网络权力有正向影响	支持
H_{5a}	企业网络权力与供应商创新贡献呈现倒"U"形关系	部分支持
H_{5b}	企业网络权力正向调节供应商创新性利用效应的发挥，即企业网络权力越大，供应商创新性对供应商创新贡献的正向影响越大	支持
H_6	企业供应商网络化行为对供应商资源分配偏好具有正向影响	支持
H_{7a}	供应商嵌入性对供应商资源分配偏好具有正向影响	支持
H_{7b}	供应商嵌入性在企业供应商网络化行为对供应商资源分配偏好的影响中起中介作用	支持
H_{8a}	企业网络权力与供应商资源分配偏好呈现倒"U"形关系	部分支持
H_{8b}	企业网络权力在企业供应商网络化行为对供应商资源分配偏好的影响中起中介作用	支持

续表

假设编号	理论关系	检验结果
H_{9a}	供应商资源分配偏好对供应商创新贡献具有正向影响	支持
H_{9b}	供应商资源分配偏好正向调节供应商创新性利用效应的发挥，即供应商对企业优先分配资源的倾向越高，供应商创新性对供应商创新贡献的正向影响越大	支持

第七章 研究结论与展望

通过前六章对企业供应商网络化行为及其对供应商创新性利用影响关系的理论梳理与实证检验，研究得出企业供应商网络化行为的结构维度和企业供应商网络化行为、供应商嵌入性、企业网络权力、供应商资源分配偏好对企业有效利用供应商创新性的作用。本章将简要阐述主要结论，指出相应的理论贡献与实践启示，提炼研究的创新点，并对研究不足与未来可能的研究方向进行分析与探讨。

第一节 主要研究结论

在企业开放式创新下，供应商创新性越来越受到广泛重视，有效利用供应商创新性成为企业创新成功的关键。同时企业与供应商二元关系已扩展到网络关系，供应商网络视角有助于企业从整体考虑企业与供应商及供应商之间相互依赖关系对利用供应商创新性的影响，且供应商网络是可以在核心企业构建、协调与管理努力上形成的，从供应商网络管理视角出发研究如何利用供应商创新性问题就显得尤为重要。

以制造企业为研究对象，重点探讨企业供应商网络化行为在供应商创新性利用中是否发挥作用以及发挥何种作用问题。首先，对供应商网络管理、供应商创新性等相关研究成果进行归纳与评述，把握研究进展，并证实研究问题的科学性。其次，通过扎根理论研究方法捕捉并界定企业供应商网络化行为内涵本质，探索出解释架构，并进一步结合探索性与验证性因子分析、信效度检验等实证方法设计和开发企业供应商网络化行为的测量量表。再次，通过理论分析深刻理解供应商创新性利用，并引入解释企业如何通过网络动员资源的社会资本理论，构建"网络嵌入→可获取性→动员"的企业供应商网络化行为对供应商创新性利用的影响关系模型，提出相应研究假设。最后，设计相应实证研究过程，借助 SPSS 和 AMOS 统计分析软件和中介效应、调节效应模型检验方法进行多元层次回归分析，对理论模型和研究假设进行实证检验。得出的主要研究结论包括：

（一）核心企业在供应商网络的形成与演化过程中起着关键作用，对其供应商网络化行为的规范描述能够更好地解释企业维护供应商网络持续稳定运行并产生网络效益的过程与机制。

基于对已有相关研究的梳理总结，严格按照扎根理论方法步骤探索得出企业供应商网络化行为是指企业主动介入供应商网络形成与发展过程并利用网络关系的持续互动，供应商网络开发、调适和整合三个主范畴是企业供应商网络化行为这一核心范畴的重要构成，而这三个维度又可以细分为 8 个子维度。具体而言，供应商网络开发即核心企业在供应商网络中有选择性地积极寻找供应商成员企业（供应商优化），通过建立合作关系构建起网络并协调管控成员间的互动（网络关系开发）；供应商网络调适即核心企业通过充分运用自己的协调者角色，对供应商网络中网络关系进行优化（关系优化）、结构安排进行调整（结构优化）、成员间矛盾冲突进行调和（协调机制）；供应商网络整合即核心企业以集成方式来使网络中信息得以配置（信息处理）、网络中活动得以合力展开（业务协同）、网络中资源得以有效汇聚（资源整合）。在此基础上，研究进一步通过大样本问卷调查，采用探索性因子分析、验证性因子分析等统计技术，验证了企业供应商网络化行为二阶四因子和一阶八因子结构均能更好拟合实际数据，证实企业供应商网络化行为测量量表具有较好的信度和效度，能指导核心企业引导供应商网络形成与发展的实践。

（二）供应商创新性利用的实质表现是供应商创新性有效转化为供应商创新贡献，即创新型供应商在促进企业创新方面做出贡献，研究证实供应商创新性显著正向促进供应商创新贡献，说明越具创新性的供应商越可能对企业做出更多的创新贡献。

　　创新型供应商既能为企业提供新颖产品部件、良好质量和合理价格等直接价值，还愿意为企业带来诸如吸引新顾客、引入新技术和创新性工艺等间接价值，协同企业实现产品创新、开拓并占领新市场。可以认为，选择创新型供应商合作是企业获取并利用供应商创新资源与贡献意愿实现产品创新的重要前提，但并不是充分条件。只有在创新中实实在在地整合到创新型供应商所提供的创新贡献才能有效扩充企业自身资源与技能，促进企业技术、工艺与服务创新的出现。因此，供应商创新贡献是衡量企业是否有效利用供应商创新性的重要指标，供应商创新性利用效应可被解释为供应商创新性向供应商创新贡献的有效转化。

　　（三）企业供应商网络化行为对供应商嵌入性起决定性作用，而供应商嵌入性与供应商创新性之间存在显著的倒"U"形影响关系，表明企业可通过供应商网络化行为设计供应商在供应商网络中的适度嵌入，从而增强供应商创新性。

　　随着供应商网络的形成与发展，供应商嵌入企业的供应商网络中并与其他网络成员形成互动结构与关系，且企业对供应商的嵌入水平起决定性作用。供应商嵌入性反映了供应商因嵌入企业供应商网络而形成的接触和获得网络资源的机会与潜力，还体现了其向网络成员学习及整合利用内、外部资源进行创新的可能性，以及供应商与供应商网络中成员企业间的一致性认知，这些由供应商嵌入性带来的资源与优势均有助于提升供应商技术能力、创新倾向与贡献意愿，增强供应商创新性。但过度嵌入供应商网络也意味着供应商的供应网络与企业供应商网络愈加交织重叠，很可能造成技术信息、知识等资源的循环与冗余流动，从而给供应商带来网络锁定效应。即使供应商对企业创新做贡献的意愿非常强烈，缺乏新知识、消息等资源将导致供应商难以实现内部创新。因此过度嵌入供应商网络将会严重损害供应商新知识与新产品的产生，对其创新性带来不利影响。因此，适度的供应商嵌入性更有利于增强其自身创新性。

　　（四）企业供应商网络化行为有助于实现供应商资源分配偏好和提升企业网络能力，而供应商资源分配偏好和企业网络权力不但对供应商创新贡献有直接作用，而且对供应商创新性利用效应的发挥具有正向调节作用，说明企业可通过供应商网络化行为增强企业网络能力和供应商资源分配偏好，进而实现对供应商创新性的有效利用并获得更多的供应商创新贡献。

具体而言，企业是供应商网络形成与发展的主要驱动者，具有构建、治理和利用供应商网络的功能，企业供应商网络化行为能够在网络中起到筛选、协调和凝聚网络成员的作用，确保并增强供应商对企业的合作意愿，有助于获得供应商在资源分配方面的偏好对待。供应商资源分配偏好为企业创建优于竞争对手的资源位置提供重要支撑，供应商对企业的合作态度越积极，供应商对企业创新做出的贡献越多，同时供应商将企业视为优先客户，能够有效增强供应商将其创新资源与能力更好地运用在与企业的合作创新中，供应商对企业的资源分配偏好的程度越高，供应商更愿意为企业产品创新做出贡献，可被期待主动将其创新性更好地转化为对企业专用或优先使用的创新贡献，该直接作用与调节作用越显著。

企业供应商网络化行为能够构建以自身为核心的恰当供应商网络结构，并通过有效处理其与供应商以及供应商与供应商之间相互依赖关系实现对网络中供应商行动与信息、知识等关键性资源的控制与支配。因此，企业供应商网络化行为决定了企业在网络中的权力地位。拥有网络权力的企业能够影响网络中供应商的创新决策与行为，且网络权力越大，影响效果越显著。企业网络权力能够促进供应商关系承诺的形成，使供应商更愿意与企业公开其创新流程，并共享其隐性知识与先进技术到企业的新产品研发中，同时不平衡的权力结构状态也会增强供应商通过强化比较优势、向企业提供更多效用等途径提升自身吸引力，从而保障与企业的稳定合作。此外，较强的企业网络权力还能平衡创新型供应商的知识权力，降低供应商参与企业产品开发过程中的机会主义风险，促进企业与创新型供应商间在平等互惠基础上的相互学习与资源共享，激发供应商创新贡献。凭借网络权力，企业能够营造适合供应商发挥其创新性的合作氛围，促进供应商创新性向供应商创新贡献有效转化。企业网络权力越大，该直接作用与调节作用越显著。

（五）供应商嵌入性和企业网络权力在企业供应商网络化行为与

供应商资源分配偏好中扮演部分中介角色，说明企业供应商网络化行为可通过提升供应商嵌入性和企业网络权力实现供应商对企业的资源分配偏好。

企业供应商网络化行为更多强调核心企业引导网络的作用，并不是直接作用于某个网络成员供应商，可能无法直接影响供应商对企业分配其关键资源的意愿与行为。在供应商网络情境下，供应商行为倾向主要受其网络嵌入水平和网络中权力依赖特征的影响，而企业能够通过开发、调适与整合供应商网络决定供应商在供应商网络中的嵌入性和企业网络权力，因此，供应商嵌入性和企业网络权力能更充分解释企业供应商网络化行为作用于供应商资源分配偏好的具体过程。详细来说，企业引导供应商网络形成与发展可以对供应商的网络嵌入性进行设计，合适的嵌入程度意味着供应商对企业和供应商网络的满意，这将会在更大程度上促进其向企业共享其优势资源，有助于企业占据优先客户地位。供应商嵌入性在企业供应商网络化行为与供应商资源分配偏好之间发挥部分中介链接作用。另外，企业供应商网络化行为对自身网络嵌入水平和其投入不同网络关系中资源的数量与质量有深刻影响，这将决定企业在网络中的权力地位，而拥有网络权力的企业往往拥有更大的影响力和更丰富的网络资源，更能获得供应商青睐，同时加速网络资源向供应商的流动，也将诱使供应商对企业的资源分配偏好，企业网络权力在企业供应商网络化行为与供应商资源分配偏好之间起部分中介作用。

第二节　理论贡献与实践启示

一　理论贡献

研究在对企业供应商网络化行为构念进行理论探索的基础上，借助社会资本理论深入探寻企业供应商网络化行为对供应商创新性利用的影响作用，所做理论贡献主要表现在以下三个方面。

（一）基于个体能动性探索企业供应商网络化行为的内涵与构成维度，并开发出测量量表，对已有研究中将供应商网络视为外生变量的观点进行了修正。

现有供应商网络相关研究大多遵循结构主义分析范式，强调外生的网络结构对企业与供应商行动的外在机会与限制，而缺乏对个体行为内在驱动力的解释，尤其忽视了核心企业在供应商网络形成与发展中的关键引导角色。鉴于此，遵循扎根理论方法，通过深度访谈、焦点小组会议和对访谈数据资料的剖析与逐级编码来探析企业供应商网络化行为概念与构成维度。结果发现，供应商网络开发、调适和整合是企业供应商网络化行为的三个构成维度，而这三个维度又可以细分为八个子维度，即供应基优化、网络关系开发、关系优化、结构优化、协调机制、信息处理、业务协同和资源整合，填补了供应商网络形成与发展中对核心企业行为内在驱动力解释的空缺，促进从核心企业视角构建、治理与利用供应商网络相关研究的深入发展。在此基础上，应用所得编码条目编制企业供应商网络化行为初始量表，选取我国制造企业作为调查对象并发放调查问卷，经过预测试、大样本问卷调查两个阶段，采用探索性因子分析、验证性因子分析和内部一致性检验等方法，修正和完善企业供应商网络化行为构念的测量量表，证实二阶三因子模型和一阶八因子模型均与实际数据相匹配，包含32个测量题项的量表具有较好的信度与效度。企业供应商网络化行为内涵及其构成的研究结果既为后文研究奠定基础，也为企业供应商网络化行为研究的进一步开展提供有效可靠的测量工具。

（二）证实供应商创新性转化为供应商创新贡献是供应商创新性得到有效利用的重要体现，弥补现有关于供应商创新性是如何得到有效利用的研究缺陷。

已有研究论证了供应商创新性对企业实现产品创新的积极影响作用，并提供了实证依据，但大部分局限于探讨供应商创新性对企业产品创新绩效的直接效应，鲜有关于展现供应商创新性价值产生过程的研究，即缺乏供应商创新性利用机理的探索。在解释创新尤其是企业与供应商联合创新的形成过程中，企业与供应商之间合作关系是企业获取资源、实现产品创新的重要"场所"，从双方互动视角探讨供应商创新性是如何得到有效利用的是揭示利用供应商创新性实现企业产品创新内在机理的关键。鉴于此，在深入分析互动中供应商创新性价值产生方式、过程与结果的基础上，引入供应商创新贡献作为衡量供应商创新性是否得到有效动员/利用的重要指标，并着重探讨供应商创新性对供应商创新贡献的直接效应，结果显示，供应商创新性能显著提升供应商创新贡献，获得供应商创新贡献是企业有效利用供应商创新性的最终目的，该结论在一定程度上打开了供应商创新性作用于企业产品创新的过程"黑箱"，为后续针对供应商创新性利用机理的相关研究提供了参考和借鉴。

（三）基于"网络嵌入→可获取性→动员"的社会网络资源动员分析框架，揭示企业供应商网络化行为对供应商创新性利用的影响关系与作用，对已有供应商创新性利用研究强调二元情境的观点进行了丰富与拓展。

已有供应商创新性利用研究主要集中在企业与供应商间二元关系情境，认为企业与供应商间合作关系是企业获取供应商创新资源、实现产品创新的重要场所，并借助关系观、知识观和组织学习理论展开，且取得了一些结论。但二元关系视角已难以把握供应商嵌入更复杂供应商网络关系的实质，从而导致企业实践中对供应商创新性的利用效果并不理想。与二元关系相比，网络视角有助于企业从整体考虑企业与供应商及其他供应商之间相互依赖关系对整合利用供应商创新性的影响。鉴于此，基于"网络嵌入→可获取性→动员"的社会网络资源动员分析框架，探讨企业供应商网络化行为通过供应商嵌入性、企业网络权力、供应商资源分配偏好对供应商创新性利用的关键作用。具体来说，企业供应商网络化行为通过设计适度的供应商嵌入程度有助于增强供应商创新性，进而促进供应商创新贡献；企业供应商网络化行为通过提升企业网络权力和供应商资源分配偏好不仅能激发供应商为企业创新做出贡献，还能促进供应商创新性有效转化为供应商创新贡献。同时，企业供应商网络化行为还可通过增强供应商嵌入性和企业网络权力，获得供应商偏好对待，进而推动供应商创新性向供应商创新贡献有效转化。研究结论分别从增强供应商创新性角度和促进供应商创新性向供应商创新贡献转化效率角度，对企业供应商网络化行为在供应商创新性利用过程中的影响作用进行了揭示，是对从供应商网络视角利用供应商创新性研究的重要补充与发展。

二 实践启示

结合企业供应商网络化行为构念和其对供应商创新性利用影响的研究结论，对企业实践提出如下管理启示。

（一）企业应认识到供应商网络是可以形成并设计来满足企业创新的需要。

供应商网络作为企业获取资源实现竞争优势的重要来源毋庸置疑，但对企业来讲，如何将供应商网络对企业的战略价值落到实处则更为重要，这就需要企业意识到并有效发挥其主观能动性，通过主动介入供应商网络的形成与发展过程并利用供应商网络关系，以更充分有效地获取并利用供应商资源与能力，从而满足企业产品创新的需要。对于企业而言，供应商网络的最初形式是企业有选择地与多个供应商间的交易或合作关系，伴随供应商网络的发展，企业需要扮演协调者角色对掌握关键资源的供应商关系优化，并缓解和处理企业与供应商以及供应商间的目标冲突，从而为其充分调动供应商资源奠定基础。此外，为充分利用网络资源与能力可能还需要企业整合性地处理供应商网络中的信息、活动与资源。总而言之，企业是可以引导供应商网络的形成与发展，且通过利用网络关系以充分配置供应商网络中的各种信息、活动与资源并营造合适的供应商发挥其创新特长的氛围，即可认为，建立在企业管理努力基础上的供应商网络，对于企业集成供应商资源实现创新十分关键。

（二）合作创新背景下应识别并优先选择创新型供应商，并通过增强供应商创新性的管理实践促进供应商对企业创新做出贡献。

在我国制造企业供应商参与新产品开发效率较低的情况下，企业更应关注供应商创新的产生过程，寻求那些具有创新倾向、能够胜任创新任务且具有合作意愿的创新型供应商进行合作，从而在有效整合供应商创新资源的同时避免供应商因顾虑知识溢出、不情愿与企业知识共享等对企业创新所产生的负面影响。同时，企业对于合格供应商的评价也不应仅停留在成本与质量上，还需关注供应商具有的成功创新的潜力，以及其所能为企业创新做出贡献的意愿。因而，致力于通过有效实施企业—供应商合作创新提升创新绩效的企业，应该在增强供应商创新性方面进行投资，包括开发具备创新潜力的供应商、与供应商间的互惠行动等方面，一方面培养更具创新性的供应商，促进供应商的持续创新；另一方面提升供应商为企业做贡献的动机和意愿，从而更有效地获取并利用供应商的创新贡献。

（三）企业应该加强对供应商嵌入性、企业网络权力和供应商资源分配偏好的关注，使供应商优势资源更好地转化为企业切实可用的重要资本。

在激烈的竞争环境中，供应商的合作意愿并不总是明显的，供应商资源分配偏好是决定企业能够有效获得供应商优势资源的关键要素，其实现需要借助于企业供应商网络化行为、供应商嵌入性和企业网络权力。首先，企业与供应商间的合作关系已演变为更为复杂的供应商网络，企业应从网络视角管理供应商，通过识别与筛选供应商、优化合作关系、强化集体意识、提升网络整合水平等来增强供应商满意度，从而有助于企业创建优于竞争对手的资源位置，提升企业在供应商心目中的客户优先次序。其次，供应商嵌入企业主导形成的供应商网络中，依据网络嵌入性理论，供应商的行为决策在很大程度上受其嵌入水平的影响，因此企业可以借助设计令供应商满意的网络嵌入水平来得到供应商优先分配资源的互惠回报，企业善于通过供应商网络化行为设计合适的供应商嵌入性，有助于更准确地预测供应商行为和未来绩效以及应对合作中可能出现的各种威胁与不确定性。最后，企业网络权力在很大程度上能影响供应商共享其知识与资源，企业可以借助提升其在供应商网络中的影响力与控制力，促进供应商将其优势资源共享出来，同时，拥有网络权力的企业也承担着要为网络中供应商带来收益的责任，这也使之对企业更加忠诚与偏好。因此，企业应善于通过供应商网络化行为强化自身在供应商网络中的地位与权力，从而使企业更好地在网络环境中获得供应商优势资源。总之，要优先且更切实获取更多的供应商优势资源，除了构建、调适与整合网络关系发挥的直接作用外，企业还应注意企业供应商网络化行为通过供应商嵌入性和企业网络权力所发挥的间接作用，企业供应商网络化行为能够设计合适的供应商嵌入性、强化企业网络权力，提高供应商对企业优先分配资源的心理倾向。

（四）设计适当的供应商在企业供应商网络中嵌入性以增强供应商创新性，进而促进供应商对企业创新做出贡献。

企业总是与多个供应商同时合作互动的，供应商网络已成为合作创新的重要场所。供应商网络在给企业带来多样化资源的同时，也让嵌入其中的供应商能够接触与获取知识和资源，并得到更多的学习机会，这将有助于促进与提升供应商的创新能力与创新倾向。但过度的供应商嵌入也将造成供应商网络中的企业与供应商间知识冗余与技术锁定，抑制创新在供应商网络中的产生。因此在供应商网络形成与发展的过程中，企业需要关注随供应商网络演变而变化的供应商在网络中的嵌入性，通过要求或动员供应商与其他供应商间的互动、协调供应商间的业务活动与矛盾冲突，使供应商在网络中合理嵌入，从而在帮助供应商更好地学习并获取网络资源的同时，调动供应商创新和参与企业产品创新的积极性以增强供应商创新性，进而促进其对企业创新做出贡献。

（五）提升企业在网络中的影响力以激发供应商创新贡献，促进供应商创新性的有效利用。

因自身利益、战略目标的差异很可能造成供应商网络成员间的信任较为缺乏，在该情况下，企业期望不断从网络中的供应商处获取并有效集成先进知识与资源，这就需要通过企业网络权力来实现。研究结果表明，凭借网络权力，企业能够制定网络中的游戏规则、规范并促进供应商的有益行为，避免损害他人利益的恶性竞争，从而得到网络成员的肯定，促进供应商网络的整体互动与协同，营造合适的供应商发挥其创新特长的氛围，促进供应商创新性向供应商创新贡献的转化。同时，较高的企业网络权力会激发供应商为寻求大量资源支持与保护而与企业开展深度合作，如向企业公开其运作与创新流程、将隐性知识和创新零部件转移给企业等行为活动，这些行为活动均体现了供应商将其创新性价值应用于企业产品与工艺创新中，从而提升企业的产品创新绩效。因此，企业应努力提升其在供应商网络中的权力水平，从而激发供应商为企业创新做贡献，促进供应商创新性向供应商创新贡献转化。

（六）强化供应商对企业的资源分配偏好以动员供应商优势资源，

推动供应商创新性向供应商创新贡献有效转化。

对于企业而言，选择创新型供应商并不意味着企业能够有效获取和利用该供应商的优势与创新资源，创新型供应商会自主选择对其最有利的企业进行创新方面的协作。尤其在复杂竞争环境下，创新型供应商作为优势资源的外部主要来源，受到了企业与众多强劲竞争对手的争抢，当供应商拥有众多客户资源时，其对待这些客户企业的态度往往不同，在资源分配方面也会存在明显差异。基于此，为实现获取供应商优势资源，企业应重点致力于赢得供应商的优先客户地位，即通过各种方法促使供应商相较于其他客户企业，更期望与企业进行有效合作，并对企业做出贡献。研究结果表明，在供应商对企业的资源分配偏好越高的情况下，供应商可被期待做出更多的关系专用性投资和知识共享，更有可能主动将其创新性更好地转化为对企业专用或优先使用的创新贡献，企业将能够更有效地获取与利用供应商的优势资源，并与供应商联合高效开发新知识和新产品。因此，企业应努力强化其对供应商的吸引力，提升企业在供应商心目中的客户优先次序，激发供应商创新贡献，促进对供应商创新性的有效利用。

第三节　研究局限

以已有相关研究为基础，结合质性与量化研究方法探索企业供应商网络化行为的内涵与构成维度，并借助社会资本理论和社会网络研究框架，构建企业供应商网络化行为对供应商创新性利用的影响关系模型，最终揭示企业供应商网络化行为对供应商创新性利用的影响作用，为从供应商网络管理视角有效利用供应商创新性提供可靠的理论基础，也为企业有的放矢地展开供应商网络化行为、促进供应商创新性有效利用提供有益借鉴。尽管如此，但由于存在一些主观和客观条件的限制，研究仍存在一定的局限和不足。

（1）基于扎根理论方法构建企业供应商网络化行为的概念模型，并经过大样本问卷检验信度与效度，在一定程度上能准确反映企业开发、治理并利用供应商网络的方式与机制，为后续研究建立基础。但由于抽样条件、访谈过程资料收集技术的限制和资源、精力等其他条件的约束，深度访谈的样本容量较小，访谈对象回顾和描述的企业供应商网络化行为缺乏三角验证，且研究者在数据编码过程中的主观性较强，势必会丢失一些较重要的信息，难以获得较为客观、完备的结论。同时，量化研究样本选择面较窄，大样本问卷调查对象主要集中在汽车及相关设备制造行业，限制了研究的外部效度，关于企业供应商网络化行为研究结论是否具有外部普适性问题还有待继续验证。

（2）通过供应商网络促进供应商创新性有效利用的途径较多，研究仅从社会资本理论，借助社会网络资源动员分析框架构建企业供应商网络化行为对供应商创新性利用的作用模型，是探索如何有效利用供应商创新性的一小步，针对如何通过供应商网络利用供应商创新性仍需深入探索。此外，研究仅立足于制造企业，考察企业供应商网络化行为对供应商创新性利用的影响，是从目标者角度进行研究的，没有从影响者（供应商）角度进行验证，缺乏供应商对于该作用机制有效性的评价，企业供应商网络化行为是否切实会通过影响供应商嵌入性、企业网络权力、供应商资源分配偏好进一步作用于供应商创新性利用效应仍需得到进一步验证。

（3）研究采用横截面设计探索企业供应商网络化行为对供应商创新性利用的影响作用，不能排除企业供应商网络化行为、供应商嵌入性、企业网络权力、供应商资源分配偏好，供应商创新性利用效应间存在反向的因果关系，在一定程度上影响了本书的推论结果，如何收集纵向数据进行纵贯研究增加研究结论的稳定性仍需进行进一步检验。另外，当前各个研究变量均采用主观测量的方式，某些变量是否存在更为客观的测量指标也有待未来研究进行探讨。

第四节　未来展望

基于上述研究局限和该领域存在的一些值得进一步研究的价值问题，现对未来研究工作提出以下三个方向。

（1）全面揭示企业供应商网络化行为概念、完善其测量量表是一个长期且持续的过程，需要不断扎根企业实践、拓展研究样本及采取多种研究方法进行深入挖掘与探讨。同时伴随网络的动态演化，企业供应商网络化行为是否表现出阶段性差异还需持续关注，且研究提出的三个企业供应商网络化行为维度是处于平行还是层级关系，都有待后续研究进行进一步探索。

（2）供应商网络中涉及企业与供应商两类主体，且供应商也能通过网络化行为来增强自身创新性、影响自身在供应商网络中的结构与位置，供应商的网络化行为能否促进其创新性得到企业的有效利用，后续研究可针对这一问题加以探讨。

（3）随着供应商创新性的重要性逐渐得到学术界和企业界认可，如何增强供应商创新性也成为未来研究的重点。由于创新是组织内或组织间知识获取、共享与利用的结果，知识在企业—供应商、供应商—供应商间及供应商网络中的交互过程与结果很有可能会促进和抑制供应商创新性，因而未来研究可将知识观与网络视角相结合，更深入探讨企业如何通过网络管理来增强供应商创新性，从而促进供应商对企业创新做出贡献。

参考文献

中文参考文献：

陈晓萍、徐淑英、樊景立：《组织与管理研究的实证方法》，北京大学出版社 2008 年版。

邓峰：《核心企业网络权力对产业集群创新绩效的影响——基于网络运行效率的中介作用》，《科技进步与对策》2015 年第 18 期。

丁鹏飞、迟考勋、孙大超：《管理创新研究中经典探索性研究方法的操作思路：案例研究与扎根理论研究》，《科技管理研究》2012 年第 17 期。

郝斌、任浩：《企业间领导力：一种理解联盟企业行为与战略的新视角》，《中国工业经济》2011 年第 3 期。

郝斌、刘石兰、任浩：《企业间领导力理论和实践溯源与层次结构探讨》，《外国经济与管理》2013 年第 5 期。

霍宝锋、韩昭君、赵先德：《权力与关系承诺对供应商整合的影响》，《管理科学学报》2013 年第 4 期。

李辉、吴晓云：《社会资本、知识冗余与创新绩效：对知识密集型服务企业的实证检验》，《企业经济》2015 年第 6 期。

李娜、李随成、王玮：《供应商供应网络位置与企业绩效：网络认知能力的作用》，《管理科学》2015 年第 2 期。

李随成、姜银浩：《供应商参与新产品开发对企业自主创新能力的影响研究》，《南开管理评论》2009 年第 6 期。

李随成、王玮、禹文钢：《供应商网络形态构念及实证研究》，《管理科学》2013 年第 3 期。

李随成、李勃、张延涛：《供应商创新性、网络能力对制造企业产品创新的影响——供应商网络结构的调节作用》，《科研管理》2013 年第 11 期。

李随成、李娜、禹文钢等：《三元采购策略的影响因素研究》，《南开管理评论》2014 年第 6 期。

李维安、林润辉、范建红：《网络治理研究前沿与述评》，《南开管理评论》2014 年第 5 期。

李维安、李永健、石丹：《供应链治理理论研究：概念、内涵与规范性分析框架》，《南开管理评论》2016 年第 1 期。

林南：《社会资本：关于社会结构与行动的理论》，上海人民出版社 2005 年版。

刘军：《管理研究方法：原理与应用》，中国人民大学出版社 2008 年版。

刘友金、罗发友：《基于焦点企业成长的集群演进机理研究——以长沙工程机械集群为例》，《管理世界》2005 年第 10 期。

芦谢峰、韩立敏：《中介变量、调节变量与协变量——概念、统计检验及其比较》，《心理科学》2007 年第 4 期。

马汀·奇达夫、蔡文彬：《社会网络与组织》，中国人民大学出版社 2007 年版。

任胜钢：《企业网络能力结构的测评及其对企业创新绩效的影响机制研究》，《南开管理评论》2010 年第 1 期。

孙国强、张宝建、徐俪凤：《网络权力理论研究前沿综述及展望》，《外国经济与管理》2014 年第 12 期。

王玮、李随成、禹文钢等：《制造企业供应商创新性构念的探索性研究》，《科学学研究》2015 年第 10 期。

温忠麟、侯杰泰、张雷：《调节效应与中介效应的比较和应用》，《心理学报》2005 年第 2 期。

温忠麟、张雷、侯杰泰等：《中介效应检验程序及其应用》，《心理学报》2004 年第 5 期。

吴结兵、郭斌：《企业适应性行为、网络化与产业集群的共同演化——绍兴县纺织业集群发展的纵向案例研究》，《管理世界》2010年第2期。

谢恩、梁杰：《伙伴选择、伙伴控制与供应商网络治理》，《软科学》2016年第6期。

邢小强、仝允桓：《网络能力：概念、结构与影响因素分析》，《科学学研究》2006年第2期。

徐金发、许强、王勇：《企业的网络能力剖析》，《外国经济与管理》2001年第11期。

禹文钢、李随成：《供应商对制造企业的创新贡献研究——基于供应商集成和采购集成能力的调节作用》，《软科学》2016年第2期。

张闯、杜楠：《企业社会资本对渠道权力与依赖的影响》，《商业经济与管理》2012年第1期。

张国良、陈宏民：《关于组织创新性与创新能力的定义、度量及概念框架》，《研究与发展管理》2007年第1期。

张红娟、谭劲松：《联盟网络与企业创新绩效：跨层次分析》，《管理世界》2014年第3期。

张华、张向前：《"你是谁"与"你认识谁"：个体属性与网络对知识创新的交互研究评述》，《科技进步与对策》2013年第11期。

张文宏：《社会资本：理论争辩与经验研究》，《社会学研究》2003年第4期。

朱秀梅、陈琛、蔡莉：《网络能力、资源获取与新企业绩效关系实证研究》，《管理科学学报》2010年第4期。

朱亚丽、徐青、吴旭辉：《网络密度对企业间知识转移效果的影响——以转移双方企业转移意愿为中介变量的实证研究》，《科学学研究》2011年第3期。

英文参考文献：

Abbad, H., Paché, G., Fernandez, D. B., "Building a long-term relationship between manufacturers and large retailers: Does commitment matter in morocco?", *Journal of Applied Business Research*, Vol. 29,

No. 5, 2013.

Ahuja, G., Boccardelli, P., D'Alise, C., "Supplier-buyer networks and buyer's innovation", *Academy of Management Proceedings*, 2013.

Akhavan, P., Shahabipour, A., Hosnavi, R., "How supplier knowledge impacts on organizational capabilities and willingness", *VINE Journal of Information and Knowledge Management Systems*, Vol. 48, No. 1, 2018.

Allwood, C. M., "The distinction between qualitative and quantitative research methods is problematic", *Quality & Quantity*, Vol. 46, No. 5, 2012.

Andersen, P. H., Christensen, P. R., "Bridges over troubled water: Suppliers as connective nodes in global supply networks", *Journal of Business Research*, Vol. 58, No. 9, 2005.

Anderson, N., Lievens, F., Van Dam, K., Ryan, A. M., "Future perspectives on employee selection: Key directions for future research and practice", *Applied Psychology*, Vol. 53, No. 4, 2004.

Arya, B., Lin, Z., "Understanding collaboration outcomes from an extended resource-based view perspective: The roles of organizational characteristics, partner attributes, and network structures", *Journal of Management*, Vol. 33, No. 5, 2007.

Aune, T. B., Holmen, E., Pedersen, A. C., "Beyond dyadic supplier development efforts: The multiple roles of the network in bringing about supplier development", *The IMP Journal*, Vol. 7, No. 1, 2013.

Azadegan, A., "Benefiting from supplier operational innovativeness: The influence of supplier evaluations and absorptive capacity", *Journal of Supply Chain Management*, Vol. 47, No. 2, 2011.

Azadegan, A., Dooley, K. J., "Supplier innovativeness, organizational learning styles and manufacturer performance: An empirical assessment", *Journal of Operations Management*, Vol. 28, No. 6, 2010.

Azadegan, A., Dooley, K. J., Carter, P. L., Carter, J. R., "Supplier innovativeness and the role of interorganizational learning in enhancing manufacturer capabilities", *Journal of Supply Chain Management*,

Vol. 44, No. 4, 2008.

Baron, R. M. , Kenny, D. A. , "The moderator-mediator variable distinction in social psychological research: Conceptual, strategic, and statistical considerations", *Journal of Personality and Social Psychology*, Vol. 51, No. 6, 1986.

Bastl, M. , Johnson, M. , Choi, T. Y. , "Who's seeking whom? Coalition behavior of a weaker player in buyer-supplier relationships", *Journal of Supply Chain Management*, Vol. 49, No. 1, 2013.

Baxter, R. , "How can business buyers attract sellers'resources? Empirical evidence for preferred customer treatment from suppliers", *Industrial Marketing Management*, Vol. 41, No. 8, 2012.

Bayne, L. , Schepis, D. , Purchase, S. , "A framework for understanding strategic network performance: Exploring efficiency and effectiveness at the network level", *Industrial Marketing Management*, Vol. 67, No. 11, 2017.

Bengtsson, L. , Lakemond, N. , Dabhilkar, M. , "Exploiting supplier innovativeness through knowledge integration", *International Journal of Technology Management*, Vol. 61, No. 3, 2013.

Beyene, K. T. , Shi, C. S. , Wu, W. W. , "The impact of innovation strategy on organizational learning and innovation performance: Do firm size and ownership type make a difference?", *South African Journal of Industrial Engineering*, Vol. 27, No. 1, 2016.

Bhalla, A. , Terjesen, S. , "Cannot make do without you: Outsourcing by knowledge-intensive new firms in supplier networks", *Industrial Marketing Management*, Vol. 42, No. 2, 2013.

Binder, M. , Edwards, J. S. , "Using grounded theory method for theory building in operations management research: A study on inter-firm relationship governance", *International Journal of Operations & Production Management*, Vol. 30, No. 3, 2010.

Bridge, G. , "Mapping the terrain of time-space compression: Power networks in everyday life", *Environment and Planning D: Society and*

Space, Vol. 15, No. 5, 1997.

Capaldo, A., "Network structure and innovation: The leveraging of a dual network as a distinctive relational capability", *Strategic Management Journal*, Vol. 28, No. 6, 2007.

Carr, A. S., Kaynak, H., Hartley, J. L., Ross, A., "Supplier dependence: Impact on supplier's participation and performance", *International Journal of Operations & Production Management*, Vol. 28, No. 9, 2008.

Chetty, S., Campbell-Hunt, C., "Explosive international growth and problems of success amongst small to medium-sized firms", *International Small Business Journal*, Vol. 21, No. 1, 2003.

Choi, T. Y., Hong, Y., "Unveiling the structure of supply networks: Case studies in Honda, Acura, and Daimler Chrysler", *Journal of Operations Management*, Vol. 20, No. 5, 2002.

Choi, T. Y., Krause, D. R., "The supply base and its complexity: Implications for transaction costs, risks, responsiveness, and innovation", *Journal of Operations Management*, Vol. 24, No. 5, 2006.

Choi, T. Y., Kim, Y., "Structural embeddedness and supplier management: A network perspective", *Journal of Supply Chain Management*, Vol. 44, No. 4, 2008.

Choi, T. Y., Wu, Z., "Triads in supply networks: Theorizing buyer-supplier-supplier relationships", *Journal of Supply Chain Management*, Vol. 45, No. 1, 2009a.

Choi, T. Y., Wu, Z., "Taking the leap from dyads to triads: Buyer-supplier relationships in supply networks", *Journal of Purchasing and Supply Management*, Vol. 15, No. 4, 2009b.

Choi, T. Y., Dooley, K. J., Rungtusanatham, M., "Supply networks and complex adaptive systems: Control versus emergence", *Journal of Operations Management*, Vol. 19, No. 3, 2001.

Christiansen, P. E., Maltz, A., "Becoming an 'interesting' customer: Procurement strategies for buyers without leverage", *International Journal of Logistics*, Vol. 5, No. 2, 2002.

Clauss, T. , Spieth, P. , "Treat your suppliers right! Aligning strategic innovation orientation in captive supplier relationships with relational and transactional governance mechanisms", *R & D Management*, Vol. 46, No. 53, 2016.

Coleman, J. S. , "Social capital in the creation of human capital", *American Journal of Sociology*, Vol. 94, 1998.

Coltman, T. , Devinney, T. M. , Midgley, D. F. , Venaik, S. , "Formative versus reflective measurement models: Two applications of formative measurement", *Journal of Business Research*, Vol. 61, No. 12, 2008.

Corsaro, D. , Ramos, C. , Henneberg, S. C. , Naudé, P. , "Actor network pictures and networking activities in business networks: An experimental study", *Industrial Marketing Management*, Vol. 40, No. 6, 2011.

Cousins, P. D. , "Supply base rationalisation: Myth or reality?", *European Journal of Purchasing & Supply Management*, Vol. 5, No. 3 – 4, 1999.

Das, A. , Narasimhan, R. , Talluri, S. , "Supplier integration—Finding an optimal configuration", *Journal of Operations Management*, Vol. 24, No. 5, 2006.

Dhanaraj, C. , Parkhe, A. , "Orchestrating innovation networks", *Academy of Management Review*, Vol. 31, No. 3, 2006.

Dubois, A. , Pedersen, A. C. , "Why relationships do not fit into purchasing portfolio models—Acomparison between the portfolio and industrial network approaches", *European Journal of Purchasing & Supply Management*, Vol. 8, No. 1, 2002.

Dubois, A. , Fredriksson, P. , "Cooperating and competing in supply networks: Making sense of a triadic sourcing strategy", *Journal of Purchasing and Supply Management*, Vol. 14, No. 3, 2008.

Dyer, J. , Nobeoka, K. , "Creating and managing a high performance knowledge-sharing network: The Toyota case", *Strategic Management Journal*, Vol. 21, No. 3, 2000.

Ellegaard, C. , "Interpersonal attraction in buyer-supplier relationships: A cyclical model rooted in social psychology", *Industrial Marketing Ma-*

nagement, Vol. 41, No. 8, 2012.

Ellegaard, C., Koch, C., "The effects of low internal integration between purchasing and operations on suppliers' resource mobilization", *Journal of Purchasing and Supply Management*, Vol. 18, No. 3, 2012.

Ellegaard, C., Johansen, J., Drejer, A., "Managing industrial buyer-supplier relations—The case for attractiveness", *Integrated Manufacturing Systems*, Vol. 14, No. 4, 2003.

Ellis, S. C., Henke, J. W., Kull, T. J., "The effect of buyer behaviors on preferred customer status and access to supplier technological innovation: An empirical study of supplier perceptions", *Industrial Marketing Management*, Vol. 41, No. 8, 2012.

Ellram, L. M., Tate, W. L., Feitzinger, E. G., "Factor-market rivalry and competition for supply chain resources", *Journal of Supply Chain Management*, Vol. 49, No. 1, 2013.

Emerson, R. M., "Power-dependence relations", *American Sociological Review*, Vol. 27, No. 1, 1962.

Essig, M., Amann, M., "Supplier satisfaction: Conceptual basics and explorative findings", *Journal of Purchasing and Supply Management*, Vol. 15, No. 2, 2009.

Ferris, G. R., Treadway, D. C., Perrewé, P. L., Brouer, R. L., Douglas, C., Lux, S., "Political skill in organizations", *Journal of Management*, Vol. 33, No. 3, 2007.

Finne, M., Turunen, T., Eloranta, V., "Striving for network power: The perspective of solution integrators and suppliers", *Journal of Purchasing and Supply Management*, Vol. 21, No. 1, 2015.

Ford, D., Mouzas, S., "The theory and practice of business networking", *Industrial Marketing Management*, Vol. 42, No. 3, 2013.

Ford, D., Gadde, L. E., Hakansson, H., Snehota, I., "Managing networks", *The 18th IMP Conference. Perth*, 2002.

Gao, G. Y., Xie, E., Zhou, K. Z., "How does technological diversity in supplier network drive buyer innovation? Relational process and contingencies", *Journal of Operations Management*, Vol. 36, 2015.

Giddens, A., *The third way: The renewal of social democracy*, Cambrige: Polity, 1998.

Gnyawali, D. R., Madhavan, R., "Cooperative networks and competitive dynamics: A structural embeddedness perspective", *Academy of Management review*, Vol. 26, No. 3, 2001.

Granovetter, M., "The strength of weak ties: A network theory revisited", *Sociological Theory*, Vol. 1, No. 1, 1983.

Granovetter, M., "Economic action and social structure: The problem of embeddedness", *American Journal of Sociology*, Vol. 91, No. 3, 1985.

Håkansson, H., *Industrial technological development: A network approach*, London: Croom Helm 1987.

Håkansson, H., Ford, D., Gadde, L. E., Snehota, I., Waluszewski, A., *Business in networks*, Chichester: John Wiley & Sons, 2009.

Hüttinger, L. C., *Preferential customer treatment by suppliers: Identifying benefits and antecedents*, University of Twente, 2014, p. 37.

Hald, K. S., "The role of boundary spanners in the formation of customer attractiveness", *Industrial Marketing Management*, Vol. 41, No. 8, 2012.

Hong, J., Chang, J. S., "The structure of supplier network and firm's performance: The case of Korean manufacturing industries", *Indian Journal of Science and Technology*, Vol. 9, No. 46, 2016.

Harland, C., Zheng, J., Johnsen, T., Lamming, R., "A conceptual model for researching the creation and operation of supply networks", *British Journal of Management*, Vol. 15, No. 1, 2004.

Harland, C. M., Knight, L. A., "Supply network strategy: Role and competence requirements", *International Journal of Operations & Production Management*, Vol. 21, No. 4, 2001.

Harryson, S. J., Dudkowski, R., Stern, A., "Transformation networks in innovation alliances—The development of Volvo C70", *Journal of Management Studies*, Vol. 45, No. 4, 2008.

Helm, S., Rolfes, L., Günter, B., "Suppliers' willingness to end unprofitable customer relationships: An exploratory investigation in the German mechanical engineering sector", *European Journal of Marketing*, Vol. 40, No. 3/4, 2006.

Henke Jr, J. W., Zhang, C., "Increasing supplier-driven innovation", *IT Management Select*, Vol. 51, No. 2, 2010.

Hingley, M. K., "Power imbalanced relationships: Cases from UK fresh food supply", *International Journal of Retail & Distribution Management*, Vol. 33, No. 8, 2005.

Hoffmann, W. H., "Strategies for managing a portfolio of alliances", *Strategic Management Journal*, Vol. 28, No. 8, 2007.

Holmen, E., Pedersen, A. C., "Strategizing through analyzing and influencing the network horizon", *Industrial Marketing Management*, Vol. 32, No. 5, 2003.

Holmen, E., Pedersen, A. C., Jansen, N., "Supply network initiatives—A means to reorganise the supply base?", *Journal of Business & Industrial Marketing*, Vol. 22, No. 3, 2007.

Hosseini, S., Kees, A., Manderscheid, J., Röglinger, M., Rosemann, M., "What does it take to implement open innovation? Towards an integrated capability framework", *Business Process Management Journal*, Vol. 23, No. 1, 2017.

Huang, M. C., Yen, G. F., Liu, T. C., "Reexamining supply chain integration and the supplier's performance relationships under uncertainty", *Supply Chain Management: An International Journal*, Vol. 19, No. 1, 2014.

Hult, G. T. M., Ketchen, D. J., Slater, S. F., "Information processing, knowledge development, and strategic supply chain performance", *Academy of Management Journal*, Vol. 47, No. 2, 2004.

Hunt, S. D., Davis, D. F., "Grounding supply chain management in resource-advantage theory: In defense of a resource-based view of the firm", *Journal of Supply Chain Management*, Vol. 48, No. 2, 2012.

Inemek, A., Matthyssens, P., "The impact of buyer-supplier relationships on supplier innovativeness: An empirical study in cross-border supply networks", *Industrial Marketing Management*, Vol. 42, No. 4, 2013.

Inkpen, A. C., Tsang, E. W., "Social capital, networks, and knowledge transfer", *Academy of Management Review*, Vol. 30, No. 1, 2005.

Jarvis, C. B., MacKenzie, S. B., Podsakoff, P. M., "A critical review of construct indicators and measurement model misspecification in marketing and consumer research", *Journal of Consumer Research*, Vol. 30, No. 2, 2003.

Jean, R. -J. B., Sinkovics, R. R., Kim, D., "Antecedents and Outcomes of Supplier Innovativeness in International Customer-Supplier Relationships: The Role of Knowledge Distance", *Management International Review*, Vol. 57, No. 1, 2017.

Jean, R. J., Kim, D., Sinkovics, R. R., "Drivers and performance outcomes of supplier innovation generation in customer-supplier relationships: The role of power-dependence", *Decision Sciences*, Vol. 43, No. 6, 2012.

Johnsen, T. E., Ford, D., "Customer approaches to product development with suppliers", *Industrial Marketing Management*, Vol. 36, No. 3, 2007.

Joshi, A. W., "OEM implementation of supplier-developed component innovations: the role of supplier actions", *Journal of the Academy of Marketing Science*, Vol. 45, No. 4, 2017.

Kähkönen, A. K., "The influence of power position on the depth of collaboration", *Supply Chain Management: An International Journal*, Vol. 19, No. 1, 2014.

Kelle, U., "Combining qualitative and quantitative methods in research practice: Purposes and advantages", *Qualitative Research in Psychology*, Vol. 3, No. 4, 2006.

Khoja, F., Adams, J., Kauffman, R., "The inside story of relationship development: Power asymmetry in a buyer-supplier relationship", *International Journal of Integrated Supply Management*, Vol. 6, No. 1, 2011.

Kilpi, V., Lorentz, H., Solakivi, T., Malmsten, J., "The effect of ex-

ternal supply knowledge acquisition, development activities and organiza-
tional status on the supply performance of SMEs", *Journal of Purchasing
and Supply Management*, Vol. 24, No. 3, 2018.

Kim, B., Leung, J. M., Park, K., Zhang, G., Lee, S., "Configuring
a manufacturing firm's supply network with multiple suppliers", *IIE
Transactions*, Vol. 34, No. 8, 2002.

Kim, D. Y., "Understanding supplier structural embeddedness: A social
network perspective", *Journal of Operations Management*, Vol. 32,
No. 5, 2014.

Kim, M., Chai, S., "The impact of supplier innovativeness, information
sharing and strategic sourcing on improving supply chain agility: Global
supply chain perspective", *International Journal of Production Econo-
mics*, Vol. 187, 2017.

Kim, Y., Choi, T. Y., Yan, T., Dooley, K., "Structural investigation
of supply networks: A social network analysis approach", *Journal of
Operations Management*, Vol. 29, No. 3, 2011.

Kim, Y. H., Wemmerlöv, "Does a supplier's operational competence
translate into financial performance? An empirical analysis of supplier-
customer relationships", *Decision Sciences*, Vol. 46, No. 1, 2015.

Koufteros, X., Vickery, S. K., Dröge, C., "The effects of strategic sup-
plier selection on buyer competitive performance in matched domains:
Does supplier integration mediate the relationships?", *Journal of Supply
Chain Management*, Vol. 48, No. 2, 2012.

Koufteros, X. A., Edwin Cheng, T., Lai, K. H., " 'Black-box' and
'gray-box' supplier integration in product development: Antecedents,
consequences and the moderating role of firm size", *Journal of Opera-
tions Management*, Vol. 25, No. 4, 2007.

Kovacs, G., Spens, K., Hovmøller Mortensen, M., Vagn Freytag, P.,
Stentoft Arlbjørn, J., "Attractiveness in supply chains: A process and
matureness perspective", *International Journal of Physical Distribution &
Logistics Management*, Vol. 38, No. 10, 2008.

Krapfel, R. E. , Salmond, D. , Spekman, R. , "A strategic approach to managing buyer-seller relationships", *European Journal of Marketing*, Vol. 25, No. 9, 1991.

Krause, D. R. , Pagell, M. , Curkovic, S. , "Toward a measure of competitive priorities for purchasing", *Journal of Operations Management*, Vol. 19, No. 4, 2001.

Krause, D. R. , Handfield, R. B. , Tyler, B. B. , "The relationships between supplier development, commitment, social capital accumulation and performance improvement", *Journal of Operations Management*, Vol. 25, No. 2, 2007.

Laamanen, T. , "Dependency, resource depth, and supplier performance during industry downturn", *Research Policy*, Vol. 34, No. 2, 2005.

Lakshman, C. , Parente, R. C. , "Supplier-focused knowledge management in the automobile industry and its implications for product perfor-mance", *Journal of Management Studies*, Vol. 45, No. 2, 2008.

Law, K. S. , Wong, C. S. , "Multidimensional constructs M structural equation analysis: An illustration using the job perception and job satisfaction constructs", *Journal of Management*, Vol. 25, No. 2, 1999.

Lawson, B. , Krause, D. , Potter, A. , "Improving supplier new product development performance: The role of supplier development", *Journal of Product Innovation Management*, Vol. 32, No. 5, 2014.

Lin, C. C. , Hsieh, C. C. , "Effect of relationships in supply networks: A long-term analysis in the automotive industry", *African Journal of Business Management*, Vol. 5, No. 7, 2011.

Lin, J. L. , Fang, S. C. , Fang, S. R. , Tsai, F. S. , "Network embeddedness and technology transferperformance in R & D consortia in Taiwan", *Technovation*, Vol. 29, No. 11, 2009.

Lin, N. , "Building a network theory of social capital", *Connections*, Vol. 22, No. 1, 1999.

Lorenzoni, G. , Lipparini, A. , "The leveraging of interfirm relationships as a distinctive organizational capability: A longitudinal study", *Strategic*

Management Journal, Vol. 20, No. 4, 1999.

Meehan, J. , Wright, G. H. , "Power priorities: A buyer-seller comparison of areas of influence", *Journal of Purchasing and Supply Management*, Vol. 17, No. 1, 2011.

Mitrega, M. , Forkmann, S. , Ramos, C. , Henneberg, S. C. , "Networking capability in business relationships—Concept and scale development", *Industrial Marketing Management*, Vol. 41, No. 5, 2012.

Mohammady Garfamy, R. , "Supplier selection and business process improvement: An exploratory multiple case study", *International Journal of Operational Research*, Vol. 10, No. 2, 2011.

Moran, P. , "Structural vs. relational embeddedness: Social capital and managerial performance", *Strategic Management Journal*, Vol. 26, No. 12, 2005.

Mort, G. S. , Weerawardena, J. , "Networking capability and international entrepreneurship: How networks function in Australian born global firms", *International Marketing Review*, Vol. 23, No. 5, 2006.

Mouzas, S. , Naudé, P. , "Network mobilizer", *Journal of Business & Industrial Marketing*, Vol. 22, No. 1, 2007.

Moynihan, D. P. , "The network governance of crisis response: Case studies of incident command systems", *Journal of Public Administration Research and Theory*, Vol. 19, No. 4, 2009.

Mu, J. , Di Benedetto, A. , "Networking capability and new product development", *IEEE Transactions on Engineering Management*, Vol. 59, No. 1, 2012.

Nair, A. , Blome, C. , Choi, T. Y. , Lee, G. , "Re-visiting behavior in supply networks-structual embeddedness and the influence of contextual changes and sanctions", *Journal of Purchasing and Supply Management*, Vol. 24, No. 2, 2018.

Naudé, P. , Zaefarian, G. , Najafi Tavani, Z. , Neghabi, S. , Zaefarian, R. , "The influence of network effects on SME performance", *Industrial Marketing Management*, Vol. 43, No. 4, 2014.

Nielsen, B. B. , "The role of knowledge embeddedness in the creation of synergies in strategic alliances", *Journal of Business Research*, Vol. 58, No. 9, 2005.

Noordhoff, C. S. , Kyriakopoulos, K. , Moorman, C. , Pauwels, P. , Dellaert, B. G. C. , "The bright side and dark side of embedded ties in business-to-business innovation", *Journal of Marketing*, Vol. 75, No. 5, 2011.

Nyaga, G. N. , Lynch, D. F. , Marshall, D. , Ambrose, E. , " Power asymmetry, adaptation and collaboration in dyadic relationships involving a powerful partner", *Journal of Supply Chain Management*, Vol. 49, No. 3, 2013.

Obstfeld, D. , "Social networks, the tertius iungens orientation, and involvement in innovation", *Administrative science quarterly*, Vol. 50, No. 1, 2005.

Olsen, P. I. , Prenkert, F. , Hoholm, T. , Harrison, D. , "The dynamics of networked power in a concentrated business network", *Journal of Business Research*, Vol. 67, No. 12, 2014.

Owen-Smith, J. , Powell, W. W. , "Knowledge networks as channels and conduits: The effects of spillovers in the Boston biotechnology community", *Organization Science*, Vol. 15, No. 1, 2004.

Pagell, M. , Wu, Z. , Wasserman, M. E. , "Thinking differently about purchasing portfolios: An assessment of sustainable sourcing", *Journal of Supply Chain Management*, Vol. 46, No. 1, 2010.

Perrons, R. K. , "The open kimono: How Intel balances trust and power to maintain platform leadership", *Research Policy*, Vol. 38, No. 8, 2009.

Pfeffer, J. , Salancik, G. R. , The external control of organizations: A resource dependence perspective, New York: Harper and Row, 1978.

Phelps, C. , Heidl, R. , Wadhwa, A. , "Knowledge, networks, and knowledge networks a review andresearch agenda", *Journal of Management*, Vol. 38, No. 4, 2012.

Phelps, C. C. , "A longitudinal study of the influence of alliance network structure and composition on firm exploratory innovation", *Academy of*

Management Journal, Vol. 53, No. 4, 2010.

Pihlajamaa, M., Kaipia, R., Säilä, J., Tanskanen, K., "Can supplier innovations substitute for internal R & D? A multiple case study from an absorptive capacity perspective", *Journal of Purchasing and Supply Management*, Vol. 23, No. 4, 2017.

Poot, T., Faems, D., Vanhaverbeke, W., "Toward a dynamic perspective on open innovation: A longitudinal assessment of the adoption of internal and external innovation strategies in the Netherlands", *International Journal of Innovation Management*, Vol. 13, No. 2, 2009.

Preacher, K. J., Hayes, A. F., "Asymptotic and resampling strategies for assessing and comparing indirect effects in multiple mediator models", *Behavior Research Methods*, Vol. 40, No. 3, 2008.

Pulles, N. J., *The competition for supplier resources*, University of Twente, 2014, p. 123.

Pulles, N. J., Schiele, H., "Social capital determinants of preferential resource allocation in regional clusters", *Management Revue*, Vol. 24, No. 2, 2013.

Pulles, N. J., Veldman, J., Schiele, H., "Identifying innovative suppliers in business networks: An empirical study", *Industrial Marketing Management*, Vol. 43, No. 3, 2014.

Pulles, N. J., Veldman, J., Schiele, H., Sierksma, H., "Pressure or pamper? The effects of power and trust dimensions on supplier resource allocation", *Journal of Supply Chain Management*, Vol. 50, No. 3, 2014.

Rajan, R. G., Zingales, L., "Power in a theory of the firm", *The Quarterly Journal of Economics*, Vol. 113, No. 2, 1998.

Ramsay, J., Wagner, B. A., "Organisational supplying behaviour: Understanding supplier needs, wants and preferences", *Journal of Purchasing and Supply Management*, Vol. 15, No. 2, 2009.

Ramsay, J., Wagner, B., Kelly, S., "Purchase offering quality: The effects of buyer behaviour on organizational supplying behavior", *International Journal of Operations & Production Management*, Vol. 33, No. 10,

2013.

Reagans, R. , McEvily, B. , "Network structure and knowledge transfer: The effects of cohesion and range", *Administrative Science Quarterly*, Vol. 48, No. 2, 2003.

Ritter, T. , "The networking company: Antecedents for coping with relationships and networks effectively", *Industrial Marketing Management*, Vol. 28, No. 5, 1999.

Ritter, T. , Gemünden, H. G. , "Network competence: Its impact on innovation success and its antecedents", *Journal of Business Research*, Vol. 56, No. 9, 2003.

Roden, S. , Lawson, B. , "Developing social capital in buyer-supplier relationships: The contingent effect of relationship-specific adaptations", *International Journal of Production Economics*, Vol. 151, No. 5, 2014.

Romano, P. , Vinelli, A. , "Quality management in a supply chain perspective: Strategic and operative choices in a textile-apparel network", *International Journal of Operations & Production Management*, Vol. 21, No. 4, 2001.

Roseira, C. , Brito, C. , Henneberg, S. C. , "Managing interdependencies in supplier networks", *Industrial Marketing Management*, Vol. 39, No. 6, 2010.

Samaddar, S. , Nargundkar, S. , Daley, M. , "Inter-organizational information sharing: The role of supply network configuration and partner goal congruence", *European Journal of Operational Research*, Vol. 174, No. 2, 2006.

Schiele, H. , "How to distinguish innovative suppliers? Identifying innovative suppliers as new task for purchasing", *Industrial Marketing Management*, Vol. 35, No. 8, 2006.

Schiele, H. , Vos, F. G. , "Dependency on suppliers as a peril in the acquisition of innovations? The role of buyer attractiveness in mitigating potential negative dependency effects in buyer-supplier relations", *Australasian Marketing Journal*, Vol. 23, No. 2, 2015.

Schiele, H. , Veldman, J. , Hüttinger, L. , "Supplier innovativeness and supplier pricing: The role of preferred customer status", *International Journal of Innovation Management*, Vol. 15, No. 1, 2011.

Schiele, H. , Pulles, N. , Veldman, J. , "Recognizing innovative suppliers: Empirical study of the antecedents of innovative suppliers within the buyer-suppliers relationship", *Proceedings of the 20th Ipsera Conference*, 2011.

Schiele, H. , Veldman, J. , Hüttinger, L. , Pulles, N. , "Towards a social exchange theory perspective on preferred customership—Concept and practice", *Supply Management Research*, 2012.

Schleper, M. C. , Blome, C. , Wuttke, D. A. , "The dark side of buyer power: Supplier exploitation and the role of ethical climates", *Journal of Business Ethics*, Vol. 140, No. 1, 2017.

Semrau, T. , Sigmund, S. , "The impact of networking ability on new venture performance", *Academy of Management Proceedings*, 2010.

Seo, Y. J. , Dinwoodie, J. , Kwak, D. W. , "The impact of innovativeness on supply chain performance: Is supply chain integration a missing link?", *Supply Chain Management: An International Journal*, Vol. 19, No. 5/6, 2014.

Shaner, J. , Maznevski, M. , "The relationship between networks, institutional development, and performance in foreign investments", *Strategic Management Journal*, Vol. 32, No. 5, 2011.

Sherwood, A. L. , Covin, J. G. , "Knowledge acquisition in university-industry alliances: An empirical investigation from a learning theory perspective", *Journal of Product Innovation Management*, Vol. 25, No. 2, 2008.

Spekman, R. E. , Carraway, R. , "Making the transition to collaborative buyer-seller relationships: An emerging framework", *Industrial Marketing Management*, Vol. 35, No. 1, 2006.

Steinle, C. , Schiele, H. , "Limits to global sourcing? Strategic consequences of dependency on international suppliers: Cluster theory, resource-based view and case studies", *Journal of Purchasing and Supply Management*, Vol. 14, No. 1, 2008.

Terpend, R., Ashenbaum, B., "The intersection of power, trust and supplier network size: Implications for supplier performance", *Journal of Supply Chain Management*, Vol. 48, No. 3, 2012.

Thornton, S. C., Henneberg, S. C., Naudé, P., "Understanding types of organizational networking behaviors in the UK manufacturing sector", *Industrial Marketing Management*, Vol. 42, No. 7, 2013.

Thornton, S. C., Henneberg, S. C., Naudé, P., "Conceptualizing and validating organizational networking as a second-order formative construct", *Industrial Marketing Management*, Vol. 43, No. 6, 2014.

Thornton, S. C., Henneberg, S. C., Naudé, P., "An empirical investigation of network-oriented behaviors in business-to-business markets", *Industrial Marketing Management*, Vol. 49, No. 6, 2015.

Touboulic, A., Chicksand, D., Walker, H., "Managing imbalanced supply chain relationships for sustainability: A power perspective", *Decision Sciences*, Vol. 45, No. 4, 2014.

Tsai, K. H., Yang, S. Y., "Firm innovativeness and business performance: The joint moderating effects of market turbulence and competition", *Industrial Marketing Management*, Vol. 42, No. 8, 2013.

Tsai, W., "Knowledge transfer in intraorganizational networks: Effects of network position and absorptive capacity on business unit innovation and performance", *Academy of Management Journal*, Vol. 44, No. 5, 2001.

Ulaga, W., Eggert, A., "Value-based differentiation in business relationships: Gaining and sustaining key supplier status", *Journal of Marketing*, Vol. 70, No. 1, 2006.

Uzzi, B., "The sources and consequences of embeddedness for the economic performance of organizations: The network effect", *American sociological review*, Vol. 61, No. 4, 1996.

Uzzi, B., "Social structure and competition in interfirm networks: The paradox of embeddedness", *Administrative Science Quarterly*, Vol. 42,

No. 1, 1997.

Von Corswant, F., Tunälv, C., "Coordinating customers and proactive suppliers: A case study of supplier collaboration in product development", *Journal of Engineering and Technology Management*, Vol. 19, No. 3, 2002.

Wagner, S. M., "Getting innovation from suppliers", *Research-Technology Management*, Vol. 52, No. 1, 2009.

Wagner, S. M., "Supplier traits for better customer firm innovation performance", *Industrial Marketing Management*, Vol. 39, No. 7, 2010.

Wagner, S. M., "Tapping supplier innovation", *Journal of Supply Chain Management*, Vol. 48, No. 2, 2012.

Wagner, S. M., Bode, C., "Supplier relationship-specific investments and the role of safeguards for supplier innovation sharing", *Journal of Operations Management*, Vol. 32, No. 3, 2014.

Wagner, S. M., Lukassen, P., Mahlendorf, M., "Misused and missed use-Grounded theory and objective hermeneutics as methods for research in industrial marketing", *Industrial Marketing Management*, Vol. 39, No. 1, 2010.

Walter, A., Auer, M., Ritter, T., "The impact of network capabilities and entrepreneurial orientation on university spin-off performance", *Journal of Business Venturing*, Vol. 21, No. 4, 2006.

Wasko, M. M., Faraj, S., "Why should I share? Examining social capital and knowledge contribution in electronic networks of practice", *MIS Quarterly*, Vol. 29, No. 1, 2005.

Wang, J., Shin, H., "The impact of contracts and competition on upstream innovation in a supply chain", *Production and Operations Management*, Vol. 24, No. 1, 2015.

Wilhelm, M. M., "Managing coopetition through horizontal supply chain relations: Linking dyadic and network levels of analysis", *Journal of Operations Management*, Vol. 29, No. 7, 2011.

Winter, S., Lasch, R., Management of supplier innovation: A framework for accessing and realizing innovation from suppliers. in: E. Sucky, B. Asdecker, and A. Dobhan (Eds.), Logistic management-Herausforderungen, Chancen & Lösungen. Bamberg: University of Bamberg Press, 2011, pp. 85 – 104.

Winter, S., Lasch, R., Supplier innovation evaluation: Derivation of requirements for an assessment tool on the basis of theoretical and empirical findingsin: W. Kersten, T. Blecker, and C. M. Ringle (Eds.), Managing the Future Supply Chain : Current Concepts and Solutions for Reliability and Robustness. Lohmar: EUL Verlag, 2012, pp. 235 – 256.

Wu, Z., Choi, T. Y., "Supplier-supplier relationships in the buyer-supplier triad: Building theories from eight case studies", *Journal of Operations Management*, Vol. 24, No. 1, 2005.

Wu, Z., Choi, T. Y., Rungtusanatham, M. J., "Supplier-supplier relationships in buyer-supplier-supplier triads: Implications for supplier performance", *Journal of Operations Management*, Vol. 28, No. 2, 2010.

Yan, T., Yang, S., Dooley, K., "A theory of supplier network-based innovation value", *Journal of Purchasing and Supply Management*, Vol. 23, No. 3, 2017.

Yeniyurt, S., Henke Jr, J. W., Yalcinkaya, G., "A longitudinal analysis of supplier involvement in buyers' new product development: Working relations, inter-dependence, co-innovation, and performance outcomes", *Journal of the Academy of Marketing Science*, Vol. 42, No. 3, 2014.

Zehir, C., Müceldili, B., Zehir, S., Ertosun, Ö. G., "The mediating role of firm innovativeness on management leadership and performance relationship", *Procedia-Social and Behavioral Sciences*, Vol. 41, 2012.

Zhang, C., Henke, J. W., Griffith, D. A, "Do buyer cooperative actions matter under relational stress? Evidence from Japanese and US assemblers in the US automotive industry", *Journal of Operations Management*, Vol. 27, No. 6, 2009.

Zhang, C., Wu, F., Henke Jr, J. W., "Leveraging boundary spanning capabilities to encourage supplier investment: A comparative study", *In-*

dustrial Marketing Management, Vol. 49, No. 8, 2015.

Zhuang, G., Zhou, N., "The relationship between power and dependence in marketing channels: A Chinese perspective", *European Journal of Marketing*, Vol. 38, No. 5/6, 2004.

Ziggers, G., Henseler, J., "Inter-firm network capability: How it affects buyer-supplier performance", *British Food Journal*, Vol. 111, No. 8, 2009.

Zukin, S., DiMaggio, P., *Structures of capital: The social organization of the economy*, New York: Cambridge University Press, 1990.

附　录

附录1　企业访谈提纲

企业供应商网络化行为结构研究的访谈提纲

目前我国企业构建、发展与利用供应商网络仍处于盲目摸索阶段，企业供应商网络化行为的内涵和结构尚未形成统一结论，国外学者对企业供应商网络化行为的研究也大多基于不同研究目标与侧重点提出类似概念，企业供应商网络化行为的内涵与构成尚未见针对性研究。结合我国制造企业实际情况，通过深入访谈和焦点小组会议探讨企业供应商网络化行为的内涵与构成。研究针对供应商网络背景下企业供应商网络化行为表现开展访谈，以期了解并准确掌握企业供应商网络化行为。

访谈目的：了解并掌握我国企业供应商网络化行为表现

访谈方式：面对面访谈（半结构化）

访谈对象：公司高管、部门领导、项目经理、采购与供应管理人员、技术人员等

访谈要点：

您好，本次访谈主要通过问答形式进行，访谈内容将严格保密，访谈结果仅用于学术研究，不做其他用途，且访谈结果中不会出现企业名称及个人的任何信息。为保证访谈的有效性，请根据公司的实际情况回答问题。

1. 请简要介绍你所在公司的基本情况：

（1）贵公司的规模

（2）贵公司从事的行业及其行业地位的简要介绍

（3）贵公司目前的采购与供应商管理情况

（4）贵公司目前的产品研发情况

2. 对供应商网络是怎么理解的，其内涵和功能是什么？

3. 当前供应商网络的状态是什么样的？其形成与发展过程是怎样的？

4. 供应商网络形成与发展过程中企业是怎样管理与利用供应商的？请描述具体行为与活动事项。

5. 供应商网络运作中是否存在薄弱点或风险需要企业防范？请举例说明。

6. 为从供应商网络中获益，企业是否采取一些针对性的管理措施？请举例说明。

感谢您的配合，祝您工作顺利，生活愉快！

附录2 调查问卷1

企业供应商网络化行为结构研究调查问卷

尊敬的女士/先生：

您好！非常感谢您能抽空填写这份关于企业供应商网络化行为的学术性调查问卷。

本次调查旨在验证企业供应商网络化行为内涵与结构维度。问卷由背景资料和调查题项主体两部分构成，问卷以匿名方式填写，问卷题项回答不存在对错之分。郑重承诺，您的任何答题情况和个人信息都将受到严格保密，且所有资料与信息仅用于学术研究，请您放心回答，客观、真实有效地进行作答。希望能够借助您的工作实践经验和企业实际情况，论证学术观点与研究，从而得出具有指导意义的研究分析与报告。如果您对研究或调查问卷有任何疑问或不清楚的地方，我们很乐意为您提供详细解答，若您需要本研究成果详情，请在问卷的末尾空白处提供您方便的联系方式（如联系电话、E-mail、QQ 等均可），以便研究完成后及时反馈。

您的支持将是本研究成功与否的关键，再次对您的支持与合作表示感谢。

第一部分：背景资料

填写说明：该部分是有关您个人及您所在企业及行业情况的描

述，请根据实际情况做出相应选择或填写。

1. 企业名称：＿＿＿；企业所在地：
2. 您在贵公司的工作年限＿＿＿；工作职务：
3. 企业性质：A. 国有控股　B. 股份制　C. 民营
　　　　　　D. 外资控股　E. 中外合资　F. 其他（请注明＿＿＿）
4. 行业类型：
　　A. 汽车制造（客车、货车、家用汽车、公交车等制造）
　　B. 电子产品制造（计算机、通信、雷达、电子器件等设备制造）
　　C. 家电制造（电视机、空调、洗衣机、电冰箱等产品制造）
　　D. 电气机械及器材制造（电机、电工器材、输配电及控制、电池等电气设备制造）
　　E. 仪器仪表及文化、办公用设备制造（钟表及计时仪器、光学仪器、通用或专用仪器仪表等设备制造）
　　F. 通用设备制造（通用零部件、压缩机等通用设备制造）

第二部分：调查问卷题项

填写说明：对于以下 40 个问卷题项，请根据您的工作实践经验和所在企业的实际情况，选择不同的等级并标注"√"，代表着您对该题项所描述情况或状态的认可程度，等级如下：［1］完全不同意；［2］基本不同意；［3］态度中立；［4］基本同意；［5］完全同意。如用电子版作答，直接将对应选择得分标红即可。

	完全不同意	基本不同意	态度中立	基本同意	完全同意
Q1 减少并控制总的供应商数量 ………	[1]	[2]	[3]	[4]	[5]
Q2 逐层差异化管理供应商 ……………	[1]	[2]	[3]	[4]	[5]

Q3 建立详细、可测量的评价基准，定期
    评价每一类产品/服务供应商 ··· [1] [2] [3] [4] [5]

Q4 通过行业展销会与公开招标不断搜寻
    潜在供应商 ················· [1] [2] [3] [4] [5]

Q5 主动发展与供应商的合作关系 ····· [1] [2] [3] [4] [5]

Q6 与供应商组建研发团队 ········· [1] [2] [3] [4] [5]

Q7 要求两个供应商间运作方面的
    协作 ···················· [1] [2] [3] [4] [5]

Q8 定期举办供应商研讨会，促进供应商
    间面对面沟通 ············· [1] [2] [3] [4] [5]

Q9 鼓励供应商间相互帮助完成既定
    目标 ···················· [1] [2] [3] [4] [5]

Q10 会为合作做出适当改变 ········ [1] [2] [3] [4] [5]

Q11 支持供应商产品开发与生产工艺
    改进 ···················· [1] [2] [3] [4] [5]

Q12 适当调整生产系统以更有效率地与
    供应商进行业务合作 ········· [1] [2] [3] [4] [5]

Q13 根据经验持续性地改善合作流程 ··· [1] [2] [3] [4] [5]

Q14 投入战略性资源，支持和拓展双方
    业务 ···················· [1] [2] [3] [4] [5]

Q15 将供应商融入研发制造、采购、
    销售等各种环节 ··········· [1] [2] [3] [4] [5]

Q16 与供应商合作产生分歧时，会重新
    评估事实并友好处理 ········· [1] [2] [3] [4] [5]

Q17 对供应商绩效目标达成过程进行
    监控 ···················· [1] [2] [3] [4] [5]

Q18 明确每个供应商在企业运作与创新
    活动中承担的职责 ··········· [1] [2] [3] [4] [5]

Q19 妥善处理供应商间冲突 ········· [1] [2] [3] [4] [5]

Q20 构建专职部门统筹管理供应商
    关系 ···················· [1] [2] [3] [4] [5]

Q21 定期与供应商达成战略发展、生产
规划等共识 ……………………… [1] [2] [3] [4] [5]

Q22 协调供应商各方利益 …………… [1] [2] [3] [4] [5]

Q23 依据最终产品将供应基划分为多个
供应商群体，中断不同供应商群
体中供应商间的直接互动 ……… [1] [2] [3] [4] [5]

Q24 努力维系桥接位置 ……………… [1] [2] [3] [4] [5]

Q25 对相似或相同产品与服务的供应商
进行捆绑管理 …………………… [1] [2] [3] [4] [5]

Q26 要求同一或类似产品的供应商向优
秀供应商学习 …………………… [1] [2] [3] [4] [5]

Q27 成立咨询团队就共享知识对网络成
员进行翻译与解答 ……………… [1] [2] [3] [4] [5]

Q28 主动共享知识并鼓励供应商共享
知识 ……………………………… [1] [2] [3] [4] [5]

Q29 通过电话、传真、网络等社交产品
和正式与非正式社会活动获取
信息 ……………………………… [1] [2] [3] [4] [5]

Q30 借助信息系统实现供应商网络成员
间信息实时交流 ………………… [1] [2] [3] [4] [5]

Q31 向供应商获取所需要的技术与
市场信息 ………………………… [1] [2] [3] [4] [5]

Q32 促进同类模块供应商在竞争基础
上的广泛合作 …………………… [1] [2] [3] [4] [5]

Q33 结合市场需求和生产计划调整各
供应商的生产计划 ……………… [1] [2] [3] [4] [5]

Q34 要求供应商积极配合企业业务调整
…………………………………… [1] [2] [3] [4] [5]

Q35 与供应商群共同创造性地解决新产
品开发项目中的技术问题 ……… [1] [2] [3] [4] [5]

Q36 与供应商群共同激发创意与建设性

讨论 …………………………… [1] [2] [3] [4] [5]

Q37 统筹配置各个供应商知识与技术等

资源 …………………………… [1] [2] [3] [4] [5]

Q38 组合利用所获取的供应商及其外部

网络资源进行业务扩展或技术

开发 …………………………… [1] [2] [3] [4] [5]

Q39 洞察网络中供应商间的相互依赖

关系 …………………………… [1] [2] [3] [4] [5]

Q40 识别和获取供应商先进资源与能力

…………………………… [1] [2] [3] [4] [5]

再次感谢您的参与!

附录3 调查问卷2

企业供应商网络化行为对供应商创新性利用影响的调查问卷

尊敬的女士/先生：

您好！感谢您能抽出时间填写这份学术性调查问卷。

本问卷旨在研究企业供应商网络化行为能否以及如何影响企业利用供应商创新性的问题。问卷由背景资料和调查题项主体两部分构成，问卷采取匿名作答方式，问卷题项回答不存在对错之分。您的工作实践经验和所在企业的实际情况将对我们的学术研究提供重要实践参考。

郑重承诺，您的任何答题情况和个人信息都将受到严格保密，且所有资料与信息仅用于学术研究，请您放心回答，客观、真实有效地进行作答。如果您对研究或调查问卷有任何疑问或不清楚的地方，我们很乐意为您提供详细解答，若您需要本研究成果详情，请在问卷的末尾空白处提供您方便的联系方式（如联系电话、E-mail、QQ 等均可），以便研究完成后及时反馈。

您的支持将是本研究成功与否的关键，再次对您的支持与合作表示感谢。

第一部分：背景资料

填写说明：该部分是有关您个人及您所在企业及行业情况的描述，请根据实际情况做出相应选择或填写。

1. 企业名称：____；企业所在地：

2. 您在贵公司的工作年限____；工作职务：

3. 企业性质：

　　　A. 国有控股　B. 股份制　　C. 民营

　　　D. 外资控股　E. 中外合资　F. 其他（请注明____）

4. 行业类型：

　　　A. 汽车制造（客车、货车、家用汽车、公交车等制造）

　　　B. 电子产品制造（计算机、通信、雷达、电子器件等设备制造）

　　　C. 家电制造（电视机、空调、洗衣机、电冰箱等产品制造）

　　　D. 机械设备制造（金属加工机械、冶金、锻压、化工等设备制造）

5. 具有创新性的供应商名称：____；该供应商所在地：____；该供应商类型：____A. 关键供应商　　B. 一般供应商

6. 企业与该供应商的合作年限为：____年

7. 该供应商的规模是：____

A. 100 人以下　B. 100—300 人　C. 300—500 人　D. 500 人以上

第二部分：问卷题项

填写说明：对于以下 56 个调研问题，请根据您的工作实践经验和所在企业的实际情况，选择不同的等级并标注"√"，代表着您对该题项所描述情况或状态的认可程度，等级如下：［1］完全不同意；［2］基本不同意；［3］态度中立；［4］基本同意；［5］完全同意。如用电子版作答，直接将对应选择得分标红即可。

完　基　态　基　完
全　本　度　本　全
不　不　中　同　同
同　同　立　意　意
意　意

关于供应商创新性：

Q1 该供应商总能快速推出新产品　……　[1]　[2]　[3]　[4]　[5]

Q2 该供应商总能提供前沿技术　………　[1]　[2]　[3]　[4]　[5]

Q3 该供应商总能积极探索新的问题解

　　决思路　……………………………　[1]　[2]　[3]　[4]　[5]

Q4 该供应商愿意根据我公司要求做出

　　产品创意调整　…………………………　[1]　[2]　[3]　[4]　[5]

Q5 该供应商具有较好技术，且愿意将

　　其关键技术应用到企业产品创

　　新中　……………………………………　[1]　[2]　[3]　[4]　[5]

关于供应商创新贡献：

Q1 该供应商胜任企业产品开发和工艺

　　改善中的协作任务　………………　[1]　[2]　[3]　[4]　[5]

Q2 该供应商给企业提供生产工艺改进

　　建议　…………………………………　[1]　[2]　[3]　[4]　[5]

Q3 该供应商提供的新创意有益于企业

　　产品竞争力的提升　………………　[1]　[2]　[3]　[4]　[5]

Q4 该供应商提供的新技术有助于我们

　　企业产品功能的增强或增加　……　[1]　[2]　[3]　[4]　[5]

关于企业供应商网络化行为：

Q1 减少并控制总的供应商数量　………　[1]　[2]　[3]　[4]　[5]

Q2 逐层差异化管理供应商　……………　[1]　[2]　[3]　[4]　[5]

Q3 通过行业展销会与公开招标不断搜

　　寻潜在供应商　……………………　[1]　[2]　[3]　[4]　[5]

Q4 主动发展与供应商的合作关系　……　[1]　[2]　[3]　[4]　[5]

Q5 与供应商组建研发团队 …………… [1] [2] [3] [4] [5]

Q6 定期举办供应商研讨会，促进供应
 商间面对面沟通 …………… [1] [2] [3] [4] [5]

Q7 鼓励供应商间相互帮助完成既定
 目标 …………… [1] [2] [3] [4] [5]

Q8 会为合作做出适当改变 …………… [1] [2] [3] [4] [5]

Q9 支持供应商产品开发与生产工艺
 改进 …………… [1] [2] [3] [4] [5]

Q10 根据经验持续性地改善合作流程 … [1] [2] [3] [4] [5]

Q11 投入战略性资源，支持和拓展双方
 业务 …………… [1] [2] [3] [4] [5]

Q12 与供应商合作产生分歧时，会重新
 评估事实并友好处理 …………… [1] [2] [3] [4] [5]

Q13 对供应商绩效目标达成过程进行
 监控 …………… [1] [2] [3] [4] [5]

Q14 妥善处理供应商间冲突 …………… [1] [2] [3] [4] [5]

Q15 构建专职部门统筹管理供应商
 关系 …………… [1] [2] [3] [4] [5]

Q16 定期与供应商达成战略发展、生
 产规划等共识 …………… [1] [2] [3] [4] [5]

Q17 依据最终产品将供应基划分为多个
 供应商群体，中断不同供应商群
 体中供应商间的直接互动 ……… [1] [2] [3] [4] [5]

Q18 努力维系桥接位置 …………… [1] [2] [3] [4] [5]

Q19 对相似或相同产品与服务的供应商
 进行捆绑管理 …………… [1] [2] [3] [4] [5]

Q20 要求同一或类似产品的供应商向优
 秀供应商学习 …………… [1] [2] [3] [4] [5]

Q21 成立咨询团队就共享知识对网络
 成员进行翻译与解答 ………… [1] [2] [3] [4] [5]

Q22 主动共享知识并鼓励供应商共享

　　 知识 ················· [1] [2] [3] [4] [5]

Q23 借助信息系统实现供应商网络成

　　 员间信息实时交流 ········· [1] [2] [3] [4] [5]

Q24 向供应商获取所需要的技术与市

　　 场信息 ··············· [1] [2] [3] [4] [5]

Q25 促进同类模块供应商在竞争基础

　　 上的广泛合作 ··········· [1] [2] [3] [4] [5]

Q26 结合市场需求和生产计划调整各

　　 供应商的生产计划 ········· [1] [2] [3] [4] [5]

Q27 要求供应商积极配合企业业务

　　 调整 ················· [1] [2] [3] [4] [5]

Q28 与供应商群共同创造性地解决新

　　 产品开发项目中的技术问题 ······ [1] [2] [3] [4] [5]

Q29 与供应商群共同激发创意与建

　　 设性讨论 ·············· [1] [2] [3] [4] [5]

Q30 统筹配置各个供应商知识与技术

　　 等资源 ··············· [1] [2] [3] [4] [5]

Q31 洞察网络中供应商间的相互依赖

　　 关系 ················· [1] [2] [3] [4] [5]

Q32 识别和获取供应商先进资源与

　　 能力 ················· [1] [2] [3] [4] [5]

关于供应商嵌入性：

Q1 该供应商在供应商网络中直接业务

　　 合作伙伴很多 ··········· [1] [2] [3] [4] [5]

Q2 一些供应商与我们企业建立联系

　　 需要通过该供应商牵线 ······· [1] [2] [3] [4] [5]

Q3 该供应商与企业维持长期频繁互动 ··· [1] [2] [3] [4] [5]

Q4 该供应商和供应商网络中其他合

　　 作伙伴维持长期频繁互动 ········ [1] [2] [3] [4] [5]

Q5 企业与该供应商达成了互利合作　…　[1]　[2]　[3]　[4]　[5]

Q6 企业与该供应商间合作的目标一致

性较高　……………………………　[1]　[2]　[3]　[4]　[5]

关于企业网络权力：

Q1 企业会对网络中合作创新行为施以

影响　……………………………　[1]　[2]　[3]　[4]　[5]

Q2 当企业改变网络战略方向时，供应

商会坚定追随　…………………　[1]　[2]　[3]　[4]　[5]

Q3 企业能够控制网络中供应商的业务

决策　……………………………　[1]　[2]　[3]　[4]　[5]

Q4 企业能够对网络中信息流动方向与

速率加以控制　…………………　[1]　[2]　[3]　[4]　[5]

关于供应商资源分配偏好：

Q1 相较于其他客户，该供应商能将其

最佳人力资源分配给我们企业……　[1]　[2]　[3]　[4]　[5]

Q2 相较于其他客户，该供应商能将其

最好创意分配给我们企业　………　[1]　[2]　[3]　[4]　[5]

Q3 相较于其他客户，该供应商能向我

们企业共享更多知识与经验　……　[1]　[2]　[3]　[4]　[5]

Q4 相较于其他客户，该供应商允许我

们企业优先利用其资源　…………　[1]　[2]　[3]　[4]　[5]

Q5 相较于其他客户，该供应商允许我

们企业深度接触其社会网络　……　[1]　[2]　[3]　[4]　[5]

再次感谢您的参与！